Dieter Funke · Der halbierte Gott

DIETER FUNKE

Der halbierte Gott

Die Folgen der Spaltung und die Sehnsucht nach Ganzheit

Kösel

ISBN 3-466-36382-9
© 1993 by Kösel-Verlag GmbH & Co., München
Printed in Germany. Alle Rechte vorbehalten
Druck und Bindung: Kösel, Kempten
Umschlag: Kaselow Design, München
Umschlagbild: Ernst Steiner, Wird's halten (1991)

1 2 3 4 5 6 · 98 97 96 95 94 93

Gedruckt auf umweltfreundlich hergestelltem Werkdruckpapier
(säurefrei und chlorfrei gebleicht)

Inhalt

Vorwort

Ganz und heil zu sein, ist ein grundlegendes Bedürfnis menschlicher Existenz. Dazu gehört auch der Wunsch, das Leben von einer Mitte her zu ordnen und unterschiedliche, mitunter sich widerstreitende Lebensbereiche »unter einem Dach« zu vereinen, damit das Leben nicht zerfällt in unzusammenhängende Facetten. Dieses Bedürfnis nach Integration und Ganzheit ist aber vielfach bedroht und gefährdet, nicht zuletzt durch einen gesellschaftlich geforderten Lebensvollzug, der den einzelnen zu vielfachen Aufspaltungen seines Daseins zwingt. So laufen z. B. die Anforderungen und Normen des Berufslebens oft den Einstellungen zuwider, die den einzelnen in seinem Privatleben leiten. Aber auch unabhängig von dieser gesellschaftlichen Gegebenheit, stellt sich dem Neuankömmling auf dieser Erde mit dem Eintritt ins Leben eine Welt voller Ambivalenz und Polarität entgegen: Liebe und Haß, »gut« und »böse«, Verbundenheit und Trennung sind Gegebenheiten unseres Daseins, die wir nur schwer ertragen und bewältigen können. Deshalb greifen wir zu Bewältigungsformen, die uns in dieser gebrochenen Welt leben lassen. Eine der frühen Formen – der Psychoanalytiker spricht von Abwehrmechanismen –, mit denen wir uns schützen vor Gefühlen, die aus der Ambivalenz entstehen, ist die Spaltung. So wie das Kind bereits im ersten Lebensjahr auf die Erfahrung von Enttäuschung und Frustation mit einer Aufspaltung der mütterlichen Person in ein »gute« und ein »böse« reagiert, so schützt der Erwachsene sein Selbst durch Spaltung vor der notwendigen Trauer und den unvermeidlichen Schuldgefühlen, die den Weg in die eigene Autonomie begleiten. So kann er zwar überleben, aber nur um den Preis des Verrats an seinem wahren Selbst.

Von diesen Spaltungstendenzen ist auch unser Gottesbild und unsere Glaubenspraxis geprägt. Wenn das Selbst verkümmert, wird auch aus dem »ganzen« Gott ein halbierter Gott, aus dem »Gott der Liebe« wird der »liebe Gott«. Man kann sich ausmalen, wie ein solchermaßen geteilter Gott sich lebenseinschränkend auf die menschliche Existenz auswirkt. Von diesen Spaltungen, die das Gottesbild und das Selbstbild der Menschen ebenso betreffen wie einige Praxisfelder des Glaubens, handelt dieses Buch.

Im *ersten* Teil wird das Auseinandertreten von Heil und Heilung als dem klassischsten Fall von Spaltung in der abendländischen Religions- und Geistesgeschichte beschrieben. Im ersten Kapitel wird der Spaltungsmechanismus, wie ihn die heutige Psychoanalyse sieht, dargestellt und auf das Schicksal des jüdisch-christlichen Gottesbildes übertragen. Das Auseinandertreten von Heil und Heilung, Religion und Medizin bzw. Psychotherapie ist Thema des zweiten Kapitels, indem bereits erste Hinweise auf ein neues Miteinander von Seelsorge und Psychotherapie in ihrer Sorge um das Heilsein des Menschen gegeben werden, die dann im dritten Teil aufgegriffen werden. Eine Folge der Aufspaltung von Heil und Heilung ist die Teilung Gottes in einen sinnlich-bildhaften und einen geistig-abstrakten. Letzterer hat sich im Christentum durchgesetzt und wahrscheinlich das neuzeitliche Bedürfnis nach sinnlich-religiöser Erfahrung erzeugt. Daß jedoch die heutige Hinwendung zu bildhafter Sinnlichkeit – auch in den Kirchen – zumindest der Reflexion bedarf, soll durch einen Beitrag zum Bilderverlust im Christentum deutlich gemacht werden.

Im *zweiten* Teil werden Folgen von Spaltungen in der Glaubenspraxis beschrieben: Das Phänomen »Fundamentalismus« als typische Selbst-Spaltung, die ent-sinnlichte Liturgie als Symptom einer leeren Glaubenspraxis ohne Fähigkeit zum symbolischen Leben und die ent-machtete Sexualität als Folge der Trennung von Eros und Agape.

Der *dritte* Teil sucht »Wege der Heilung« aufzuzeigen, indem er Seelsorge und Psychotherapie ins Gespräch bringt und damit Bedingungen eines heilenden und nicht überfordernden Glaubensvollzuges benennt. Kapitel sieben und acht sind aus der therapeutischen Arbeit mit kirchlichem »Personal« entstanden. Bei den Hauptamtlichen werden die Probleme, Defizite und typischen Konflikte des kirchlichen Christentums in besonders augenfälliger Weise sichtbar. Deshalb wird auch auf sie des öfteren Bezug genommen, ohne aber nur die spezifischen Probleme dieser Berufsgruppe zu behandeln. Hier wird nur etwas deutlicher sichtbar, was viele Christen beschäftigt. Deshalb gilt meinen Klienten auch mein besonderer Dank für den gewährten Einblick in eigene Schritte zum Leben. Nur wenn die Hauptamtlichen in den Kirchen selbst das »ganze Leben« zurückgewinnen, vermögen sie anderen beizustehen bei ihren Wegen zur Liebe und zur Freiheit des Evangeliums. Der dritte Teil endet mit einer Fortsetzung des Bilderstreites, bei dem es in kritischer Auseinandersetzung mit Eugen Drewermann um die Bedeutung der heilenden Kraft der Bilder geht. Als *Ausblick* und gleichzeitig wissenschaftstheoretische Begründung des ganzen Buches erfolgt ein Beitrag zur Verhältnisbestimmung von Glaube und (Tiefen-)Psychologie, in dem Optionen für einen fruchtbaren Dialog formuliert werden.

Möglicherweise erscheinen manchen Lesern die Beiträge zu »lösungsorientiert« im Sinne von »Ratschlägen«. Ich bin mir bewußt, daß dadurch der kritische Stachel der Psychoanalyse – die hier als Bezugswissenschaft herangezogen wird – allzu leicht aufgegeben wird. Die Psychoanalyse will keine »Impulse« geben oder unmittelbare Lebenshilfe, sie will vielmehr bewußtmachen und aufklären. Darin sieht sie ihren Beitrag zur Heilung. Ich hoffe, daß dieser letzte Aspekt dennoch nicht ganz verlorengegangen ist.

Ich danke dem Kösel-Verlag für die Möglichkeit der Veröffentlichung und seinem Lektor, Herrn Winfried Nonhoff, für seine engagierten und hilfreichen Anregungen während der Manuskripterstellung.

Dieter Funke

Teil I
Heil und Heilung:
Schicksal einer Spaltung

Kapitel 1: Der halbierte Gott

Gottesbild und Menschenbild

Die Art und Weise, wie Menschen sich Gott vorstellen, hat viele Quellen: Zunächst sind es die Bilder und Vorstellungen, die in den Dokumenten des Glaubens, also den Gottesgeschichten des Alten und Neuen Testamentes, überliefert sind. Diese sind aber nie in Reinkultur zugänglich, sondern sind immer schon durchsetzt von jenen Bildern, die die Menschen von ihrem Selbst entwickelt haben aufgrund ihrer kulturellen und politischen Situation, in der sie leben. So kommt es, daß z. B. in einem Obrigkeitsstaat sich die Menschen Gott eher nach dem Modell des autoritären Herrschers vorstellen – obwohl dieses Bild der biblischen Überlieferung widerspricht. Da es sich beim Christentum um eine geschichtliche Religion handelt – d. h. daß die Offenbarung Gottes durch Jesus von Nazareth in einer konkreten, zeitlich bestimmbaren Situation anzusiedeln ist –, sind immer auch die Gefahren der geschichtlichen Verzerrung der Gottesbilder durch zahlreiche Projektionen gegeben. Diese Gefahren ergeben sich aus dem Abstand zwischen dem Dort und Damals und dem Hier und Heute, denn der geschichtliche Graben zwischen dem Ursprungsgeschehen in und um Jesus von Nazareth und der Situation heute kann nicht einfach übersprungen oder gar geleugnet werden. Es bedarf der ständigen Vermittlung zwischen dem vergangenen Geschehen und dem Heute, welche durch alle Formen der Erinnerung und des Gedächtnisses geschieht, wie Erzählen und Feiern im Gottesdienst. Wegen dieser geschichtlichen Distanz zum Ursprung hin, ist es deshalb auch immer notwendig, Projektionen und Verzerrungen aufzuspüren, die sich aus diesem Graben der Geschichte ergeben.

Nur dann können die biblischen Gottesbilder auch wirklich korrigierend und befreiend einwirken auf die Bilder, die wir von Gott und von unserem Selbst haben.

Dabei haben wir von einem unauflösbaren Zusammenhang auszugehen: Die inneren Bilder, die wir von unserem Selbst infolge der Prägung durch Erziehung haben, prägen trotz »objektiver« geschichtlicher Offenbarung unsere Vorstellungen von Gott, und umgekehrt wirken unsere Gottesbilder zurück auf die Entwürfe unserer eigenen Identität. Wenn man die Durchleuchtung dieses Zusammenhangs als eine der wichtigsten Aufgaben der Theologie begreift, dann fällt es ihr zu, unter Zuhilfenahme der Geschichts- und Humanwissenschaften die Schicksale der Gottesbilder aufzuspüren und projektive Verzerrungen zu benennen.

In diesem Kapitel soll nun mit Hilfe einiger Aspekte der Psychoanalyse die Verzerrung des Gottesbildes analysiert und damit verständlich gemacht werden. Dabei interessiert uns nicht in erster Linie die objektive Ebene der Offenbarung, sondern deren Niederschlag in der Psyche des Menschen. Es geht also nicht darum, objektive Aussagen »über« Gott zu machen – ein Vorhaben, das ohnehin problematisch ist –, sondern darum, die Bilder von Gott, wie sie uns in der Seele des Menschen begegnen, zu verstehen. Damit teilen wir das Erkenntnisinteresse des Psychoanalytikers bei der Behandlung psychischer Störungen: Ihn interessiert nicht in erster Linie die objektive Lebensgeschichte eines Menschen – diese dient ihm eher als Hintergrundinformation –, sondern die Art und Weise, wie jemand diese Geschichte verarbeitet. So sind es z. B. nicht nur die historischen, tatsächlichen Eltern und deren Erziehungsformen, die einen Menschen prägen, sondern auch die Bilder und Phantasien, die ein Mensch von seinen Eltern als inneres Mutter- oder Vaterbild in sich aufrichtet. Diese Bilder von den Eltern, die natürlich immer auch einen großen Teil »Realität« enthalten, aber eben auch aus Wünschen und Phantasien bestehen, beeinflussen die psychische Entwicklung eines Menschen und prägen sein späteres Selbstbild. Die psychische Realität ist also eine andere als die äußere, objektive Wirklichkeit, und sie ist weit wirksamer, als unser an der äußeren, materiellen Wirklichkeit orientiertes Wirklichkeitsverständnis uns glauben läßt. (Dazu mehr in Kap. 4!) Ich stelle jetzt den Spaltungsmechanismus dar, wie er in der heutigen Psychoanalyse gesehen wird, um dann mit Hilfe dieses Instruments einige Spaltungen im Gottesbild zu benennen.

Spaltungsmechanismen als Instrument für Spaltungen im Gottesbild. (auf grundlage O. Kernberg)

Ein Mechanismus der Psyche: Die Spaltung

Die inneren Bilder, die wir in den ersten Lebensjahren von den wichtigsten Bezugspersonen aufbauen, fügen sich nicht konfliktfrei und harmonisch in unser eigenes Selbstbild ein. Im Gegenteil: Die Mutter wird bereits im ersten Lebensjahr nicht nur als »gut«, d. h. als befriedigend und nährend erlebt, sondern auch als abweisend und versagend, d. h. als »böse«. Deshalb steht das Kind vor der schwierigen Aufgabe, beide Aspekte der Mutter in ein Gesamtbild von ihr zu integrieren, welches die guten und bösen Teile enthält. Wir sprechen hier von der fundamentalen Aufgabe, Ambivalenz zu tolerieren. Damit es zu dieser Fähigkeit kommen kann, bedarf es der notwendigen Trauerreaktion über die Tatsache, daß die Mutter eben nicht nur gut im Sinne der Bedürfnisbefriedigung ist. Für das Kleinkind ist es jedoch höchst bedrohlich zu erleben, daß die Mutter eben auch versagend ist. Die Bedrohlichkeit dieser Erfahrung steigert sich in dem Maße, in dem Erinnerungsspuren an frühe Befriedigungserlebnisse ausbleiben. Damit nun der – wenn auch geringe, aber immerhin vorhandene – gute Teil der Mutter geschützt wird vor der Bedrohung oder Zerstörung durch den bösen Teil, bedient sich das Kind der Spaltung.[1] Dadurch werden die guten und bösen Teile streng voneinander getrennt. Die Spaltung schützt somit das Ich vor der

19

fundamentalen Angst vor Verlust des geliebten Objekts. Dadurch wird auch die Aggression, die der versagende Teil der Mutter im Kind hervorruft, abgekoppelt von dem guten Teil des Objekts und so vor der phantasierten Zerstörung aufgrund der aggressiven Impulse bewahrt. Wenn dieser Mechanismus der Spaltung nicht allmählich überwunden wird durch das Ertragen von Ambivalenz, wird sich eine Persönlichkeit entwickeln, die geradezu zwanghaft widersprüchliche Gefühle wie Liebe und Haß vollkommen auseinanderhalten muß – mit der Folge, daß sich ein Selbstbild entwickelt, welches sich in der einen Situation als nur gut und in der anderen als nur böse erlebt. Auch andere Menschen und Dinge werden in dieser Weise gespalten: Sie können entweder nur geliebt oder nur gehaßt werden. Was also am Anfang des Lebens ein notwendiger Aufbaumechanismus der Psyche war und psychisches Wachstum ermöglichte, wird jetzt in den Dienst der Konfliktvermeidung gestellt und schränkt damit die Beziehungen des Ich zu sich selbst und zu anderen ein: Aus einem Aufbaumechnanismus ist ein Abwehrmechanismus geworden! Es bildet sich ein flaches, eindimensionales Selbst-Bild, und sein Träger muß ständig zwischen den nicht zusammengewachsenen Teilen seines Selbst hin und her schwanken, so daß Kernberg vom »Syndrom der Identitätsdiffusion« spricht.[2] Dabei fällt der Mangel an Autonomie auf, der sich mit dem subjektiven Erleben verbindet, daß die eigenen Wünsche und Bedürfnisse für andere Menschen eine so zerstörerische Wirkung besitzen, daß sie nicht gelebt werden dürfen. Als Kinder wurden diese Menschen von ihren Müttern als eine narzißtische Erweiterung ihres Selbst mißbraucht, wodurch deren Loslösungs- und Autonomiebestrebungen massiv behindert wurden. Die Folge davon ist, daß alle eigenen Impulse, wie der elementare Wunsch, Liebe zu empfangen und zu geben, gehalten und bestätigt zu werden, Triebwünsche und expansive Bedürfnisse zu haben, einem Tabu unterliegen. »Diese generelle Tabuisierung von Lebensäußerungen, die auf Autonomie abzielen würden, ist von anderer Qualität als die Hemmungen und

20

Verdrängungen des Neurotikers. Sie ist gekoppelt mit der Frage ›Darf und kann ich Ich sein?‹, mit der Frage also nach der eigenen Existenzberechtigung überhaupt.«[3] Die Spaltung solchermaßen gestörter Menschen ist also ein aktiver Schutzmechanismus, um das schwache, in seiner Autonomie behinderte Ich in bedrohlichen Situationen zu schützen und vor weiterem Zerfall zu bewahren. Begleitet wird dieser zentrale Mechanismus der Spaltung von weiteren Abwehrmanövern, wie Verleugnung (eine auffallende Wahrnehmungsstörung der abgespaltenen Teile der Persönlichkeit), Projektion (der abgespaltene Teil, etwa die Aggression, wird auf andere projiziert und dort bekämpft, z. B. bei der Sündenbockprojektion) und primitive Idealisierung und Entwertung.

In der Psychoanalyse ist dieser Mechanismus der Spaltung durch die Therapie schwerer Persönlichkeitsstörungen, des sogenannten Borderline-Syndroms, entdeckt und ausführlich beschrieben worden.[4] Aber auch für das Verständnis kultureller, gesellschaftlicher und religiöser Phänomene ist dieser innerpsychische Vorgang bedeutsam. Vor allem für eine Analyse des Gottesbildes in seinen Einseitigkeiten und Verzerrungen kann die Kenntnis des Spaltungsmechanismuses hilfreich sein. Deshalb sollen einige Spaltungen im Gottesbild selbst benannt werden, um zu verstehen, daß das gängige Gottesbild vieler Menschen auf einen halbierten Gott schließen läßt, wie z. B. der »liebe Gott«, der blutleer und belanglos geworden ist. Ein solchermaßen gespaltener Gott hat denn auch kaum noch die Kraft, gestaltend in das Leben einzugreifen. Er kann bestenfalls wie eine Antiquität aufbewahrt werden, die man mit dem Museumsblick – distanziert – anschauen kann, die aber keine tiefere Berührung, geschweige denn ein Erschrekken oder tiefes Betroffensein auslöst. Tragischerweise ist mit der Halbierung Gottes auch das Leben selbst für viele Menschen zu einer Reise in seichten Gewässern geworden. Die modernen Leiden, mit denen Menschen den Psychotherapeuten aufsuchen, bestehen kaum noch in Konflikten und neurotischen Schuldgefühlen, sondern in einem oft diffusen Leiden an sich selbst, innerer Leere, Sinnlosigkeitsgefühlen, Beziehungs- und Arbeitsstörungen. Solche Menschen scheinen eine Seele ohne Keller zu haben, sie führen ein Leben ohne Tiefgang, ohne Konflikte und ohne tiefe Erfüllung.

Diese modernen Leiden sind auch in Verbindung zu sehen mit dem Gottesschicksal in der jüdisch-christlichen Geschichte. Die Verkürzung des Gottesbildes und seine Loslösung von den vitalen Bedürfnissen der Menschen ist aber nicht nur ein Produkt der Neuzeit, seine Wurzeln weisen weit zurück an den Beginn des jüdisch-christlichen Gottesglaubens. Darum ein Blick zurück in unsere eigene Gottesgeschichte und den Beginn der Spaltung im Gottesbild.

Das »goldene Kalb«: Die Spaltung im Gottesbild

Für das Volk Israel ist das Urdatum seiner Gotteserfahrung die Befreiung aus der Knechtschaft Ägyptens. So ist der Befreier der zentrale Aspekt des jüdischen Gottesbildes. In Jahwe erscheint Gott als jemand, der nicht nur aus Ägypten befreit, sondern von mannigfachen Abhängigkeiten, z. B. von der Natur und ihren Kreisläufen, die vor allem durch die kanaanitischen Fruchtbarkeitsgöttinnen repräsentiert wurden. Im Zuge dieser Emanzipation von den bindenden Erdkräften hat sich der befreiende Jahwe-Gott selbst gelöst von allem Erdhaft-Weiblichen. Als »Mann« wurde er zunehmend mehr zu einem Gesetzes-Gott, unanschaubar und abstrakt. Diese Spaltung im Gottesbild läßt sich symbolisch in der Geschichte vom sogenannten goldenen Kalb nachvollziehen, wie sie in Exodus 32 überliefert ist.

Als Mose sich auf dem Berg Sinai befindet, um die Gesetzestafeln in Empfang zu nehmen, macht das Volk aus seinem Schmuck ein goldenes Kalb. Mose, von Zorn entbrannt, packt das Kalb und zer-

stampft es im Feuer zu Staub. Jeder, der nicht für den Herrn ist, soll durch das Schwert getötet werden.

Diese Geschichte aus der Zeit der Entstehung des Jahweglaubens in Altisrael ist hochbedeutsam für unser heutiges Gottesbild. Nach Wolfgang Giegerich[5], einem Jungschen Analytiker, sitzt uns der Schock über das Massaker an den Anbetern des goldenen Kalbes noch heute in den Knochen: In der Seele hat es tiefe Wurzeln geschlagen und traumatische Ängste freigesetzt, denn hier geschieht eine Spaltung im Gottesbild und in der Seele des Menschen. Worin besteht diese Spaltung?

Beim goldenen Kalb handelt es sich nicht um einen fremden Götzen, sondern um einen Teil Jahwes selbst. Die Exegese belehrt uns darüber, daß »Kalb« eine abfällige Bezeichnung für das Bild des Stieres ist, der am Fuße des Sinai vom Volk umtanzt wird.[6] Die elohistische Erweiterung des Textes in Exodus 32 führt mit diesem Bild das Staatssymbol des Nordreiches ein, den Jungstier von Bethel, der im Kult verehrt wird. Dadurch erfährt der Untergang des Nordreiches eine nachträgliche Begründung, indem das Abfallen von der Alleinverehrung Jahwes den Charakter der Sünde bekommt. Über diesen historischen Sachverhalt hinaus wohnt der Zerstörung des goldenen Kalbes jedoch eine Bedeutung inne, die sich folgenschwer auswirkt auf das Gottesbild des abendländischen Christentums und das Selbstbild der Menschen im Berührungsfeld dieses Gottes. Ursprünglich waren Jahwe und der Stier noch kein Gegensatz. Der Gottesname Jahwe wurde ja mit El bzw. im Plural Elohim verbunden. El bedeutet aber auch Stier und geht auf den obersten Weltgott der altsemitischen Welt zurück. Tatsächlich wird Jahwe gelegentlich mit stierhaften Zügen gezeichnet.[7] Es handelt sich also beim goldenen Kalb nicht um einen ganz anderen, fremden Gott, sondern um den stierhaften Teil Jahwes selbst. In der Zerstörung des goldenen Kalbes wird Jahwe nun von seiner stierhaft-bildlichen Seite getrennt. Jahwe wird gleichsam unsichtbar gemacht, er wird zum abstrakten Gott jenseits der sinnlichen Erfahrung.

Ein tieferes Verständnis dieses Vorgangs kann uns die psychoanalytische Interpretation mit Hilfe des Spaltungsmechanismuses liefern: Das Gottesbild wird hier von seinem Trieb- und Instinktcharakter gereinigt, der durch das Stiersymbol repräsentiert wird. Der im Stieraspekt aufgehobene aggressive Teil Gottes wird abgespalten vom trieblosen, geistigen Teil Jahwes. Dieser wird sein eigenes abstraktes Ideal, er wird zum »reinen« Gott, der unanschaubar und unberührbar bleibt. Aus dem Bild-Gott wird der Buchstaben-Gott, der nicht mehr gesehen, sondern nur noch gehört wird. Er entzieht sich gleichsam der Nahwahrnehmung (sehen, fühlen) und wählt als Weg zum Menschen die Fernwahrnehmung durch Sprache. Das bedeutet auch, daß alle natürlichen, vitalen Bezüge im Gottesbild geopfert werden und künftig dem Bilderverbot unterliegen.

Der Zerfall des »ganzen« Menschen

Das Gottesbild ist untrennbar verbunden mit dem Selbstbild des Menschen, liefert es doch den umfassenden Hintergrund, auf dem sich das geschichtliche Selbst-Bewußtsein der abendländischen Menschheit konstituiert. Insofern kann man im Verlust der natürlichen Anschaubarkeit Gottes den Sündenfall entdecken, der den Menschen entfremdet von der Natur und dem ganzen Gott und der die Spaltung im Selbstbild des Menschen in Gang setzte. Im Hinblick auf die Psyche des Menschen kann man sagen, daß sich in der Zertrümmerung des goldenen Kalbes das Ich vom Es abhebt, das Bewußtsein vom Unbewußten abtrennt, und widersprüchliche Strebungen auseinandergehalten werden. Gott wird im Feuer, welches das goldene Kalb auffrißt, zu einem Buchstaben-Gott, dem Bewußtsein des Menschen zugeordnet. Indem Gott zum Bewußtseins-Gott wird, identifiziert er sich mit seiner unanschaubaren Seite und erleidet dabei einen erheblichen Substanzverlust: Seine natürlich-bildhafte, seine leiblich-sinnliche Seite geht verloren, noch schlimmer: Sie wird zum Götzen, geht im wahrsten Sinn des Wortes zum Teufel oder wird zur Hexe.[8] Vor allem aber ist es die mit dem Stier-Symbol im Gottesbild aufgehobene aggressiv-wilde Seite, die jetzt vom eigentlichen Gott getrennt wird. Gott wird nur »gut«, und der Weg ist nicht mehr weit, daß aus dem »ganzen« Gott der sprichwörtlich bedeutungslose »liebe Gott« wird.

Das Gottesbild unterliegt offenbar dem gleichen Schicksal wie das Selbstbild des Menschen. Denn mit der Emanzipation aus dem Paradies der Natur und der Gefangenschaft bei den nährenden Fleischtöpfen Ägyptens hatte die Menscheit nicht nur eine »fortschrittlichere« Entwicklungsstufe erreicht. Der ordnende, erobernde (Landnahme) und strukturierende Zugriff auf die Welt ermöglichte zwar eine neue Freiheit von alten, gewachsenen Bindungen, bedeutete aber auch den Verlust der Verbindung mit den natürlichen Grundlagen des Lebens. In der Trennung Gottes von seiner Stierseite, symbolisiert durch die Zerstörung des goldenen Kalbes, erkennen wir ein Bild jener unseligen Spaltung, die quer durch die Seele des neuzeitlichen Menschen geht, die ihn entfremdet von sich selbst, von Natur und Umwelt und die seinen Gottbezug so abstrakt und fleischlos macht.

Dieser hochbedeutsame Spaltungsvorgang darf nicht einseitig als reiner Sündenfall interpretiert werden, wie es Giegerich in seiner interessanten Studie tut, sondern muß als ambivalentes Phänomen verstanden werden: Einerseits ermöglicht nämlich die Unsichtbarwerdung Jahwes einen ungeheuren Zuwachs an Ich-Bewußtsein und Autonomie, ein Freisetzen des Ich aus den Mächten des Unbewußten, eine ethische Wendung der Religion, vielleicht bildet er überhaupt erst die Voraussetzung, die Geschichte, die sozialen Beziehungen als Ort der Gotteserfahrung zu begreifen und der Gefahr des Aufgefressenwerdens durch archaische Naturmächte zu entkommen; andererseits entläßt diese Spaltung den Menschen aus seinen natürlichen, triebhaften Bindungen und läßt ihn sich zum Herrn über die Natur machen, wobei er vergißt, daß er Teil derselben ist. Damit konstituiert dieser Sündenfall Herrschaft unter Menschen, die sich nun selbst durch Identifizierung mit dem abstrakten Gott zum Herrn der Geschichte machen. In der Tat: Wo »Es« war, ist »Ich« geworden – um ein bekanntes Wort Freuds aufzugreifen. Müßte nicht wieder mehr »Es« werden, wo sich das »Ich« grandios aufgebläht hat? Die destruktive Dynamik dieser Spaltung, wie wir sie heute in vielfältigen Symptomen erleben, von denen die Zerstörung der natürlichen Lebensgrundlagen das derzeit gefährlichste ist, läßt diese Vermutung berechtigt erscheinen. Der zielgerichtet-linear denkende Mensch befreit sich zwar immer mehr von den Dämonen der Natur, verliert aber auch den Schutz der Kulthöhle und den Kontakt zum Mutterboden. Es verkümmern die Fähigkeiten der rechten Gehirnhälfte: die Gefühle und die Phantasie, die Intuitionen und Imaginationen, die Sinnlichkeit und der Eros. So nistete sich in der patriarchalen Welt infolge der monotheistischen Aufklärung ein tiefes Mißtrauen ein gegen die immer weiter zurückgedrängten irrationalen Kräfte und die gesamte Welt der Sinnlichkeit.[9] Um mit dieser Angst vor dem abgespaltenen, dunklen Teil der eigenen Persönlichkeit fertig zu werden, etablierte sich im Welt- und Gottesbild der Spaltungsmechanismus, der die unvereinbaren Teile auseinanderhält und so die vielfältige Welt in eine folgenschwere Eindeutigkeit verwandelt. Es entsteht ein dualistisches Weltbild, welches die jüdisch-christlichen Glaubensvorstellungen bis ins Mark geprägt hat.[10]

Das dualistische Weltbild als Folge der Spaltung

Im allgemeinen versteht man unter Dualismus eine Weltsicht, welche die gesamte Welt auf zwei miteinander konkurrierende oder sich polar ergänzende Prinzipien zurückführt, wie Gut und Böse, Licht und Dunkel, Yin und Yang. Obwohl milde Formen des Dualismus in Philosophie und Religion weit verbreitet sind, hat er sich in der Spätantike vor allem im Manichäismus zu einer extremen Weltsicht verdichtet. Mani, der 215 oder 216 n. Chr. aus persischem Geschlecht geborene Begründer dieser dualistischen Lehre, führt die Schöpfung zurück auf den Kampf zwischen Licht und Finsternis, dem Prinzip des Guten und dem des Bösen. Die Seele ist dem guten Lichtreich zuzuordnen, der Leib dem bösen Reich der Finsternis. Nur durch den Sieg der Licht-Seele über den Leib kann der Mensch Erlösung finden, welche ihm durch eine Art Geheimwissen (Gnosis) ermöglicht wird. Vor allem für die Aufspaltung in Seele und Leib mit der folgenschweren Abwertung des Leiblich-Sexuellen im Christentum ist der dualistische Manichäismus als geistiger Hintergrund verantwortlich (vgl. Kap. 7). Augustinus z. B. war mehrere Jahre Anhänger dieser Lehre, was seine Leibfeindlichkeit verständlich macht, welche wiederum seine Theologie stark geprägt hat. Das Verzerrende an der dualistischen Weltsicht ist nun ihr Abwehrcharakter im Hinblick auf die Ambivalenz allen Seins. Anstatt die Ambivalenz von Gut und Böse, Hell und Dunkel im Sinne eines Sowohl-als-Auch bestehen zu lassen, wird sie im extremen Dualismus ersetzt durch ein rigides Entweder-Oder. So ist es nicht die schöpferische Bezogenheit beider Teile aufeinander, sondern die kämpferische Gegenüberstellung von widersprüchlichen Qualitäten. Ein gesunder und notwendiger Dualismus im Sinne von Polarität wirkt sich fruchtbar aus auf die Entfaltung des Lebens, eine strenge, ausschließende Gegensätzlichkeit blockiert Entwicklung.

Das dualistische Welt- und Menschenbild läßt sich als ein typisches Phänomen des Patriarchalismus als geistigem System verstehen, als dessen zentrales Merkmal die Unterdrückung des Weiblich-Erdhaften auffällt. Der angstmachende abgespaltene Teil der Seele, ihre dunkle und unberechenbare Seite, wurde durch Aufteilung der Welt in Gut und Böse »bewältigt«. Auch wenn das Christentum sich immer wieder bemühte, den einen Gott als Überwinder aller dualistischen Gegensätze zu begreifen, so ist es ihm in seinen Bildern von Gott doch nicht gelungen, die Spaltung des Daseins aufzuheben und die Polarität zu akzeptieren. Vielmehr ist das Gottesbild selbst Opfer dieser Spaltung geworden. Wie sehr der der christlichen Theologie vorgegebene Dualismus die Rede von Gott beeinflußt und das Gottesbild spaltet, soll nun in einzelnen Aspekten aufgezeigt werden.

Der äußere gegen den inneren Gott

Der Dualismus drang auch in die Philosophie, vor allem die Erkenntnistheorie ein. Bei Descartes findet das seinen Höhepunkt. Erkennen heißt für ihn, scharf zu trennen zwischen dem erkennenden Subjekt und dem zu erkennenden Objekt (vgl. dazu Kap. 4). In bezug auf die Erkenntnis Gottes hat das fatale Folgen: Gott wird immer mehr zu einem »Ding« der Außenwelt, welches objektiv erkannt werden kann. Es leuchtet sofort ein, daß ein solchermaßen erkannter Gott nicht der Gott des Glaubens sein kann. Man müßte gegen diese einseitige Ansiedlung Gottes im äußeren Wirklichkeitsbereich kritisch sagen: Einen Gott, den es wie ein Ding dieser Welt und unserer objektivierenden Erkenntnis »gibt«, gibt es nicht. Die andere Gefahr ist ebenso groß, Gott nämlich aus der Welt und der Geschichte herauszunehmen und ihn zum reinen Seelengott werden zu lassen. Die Gnosis hat diesen Aspekt des Innen- und Inwendigseins Gottes ebenso betont wie die christliche Mystik, die Romantik ebenso wie die Esoterik und manche psychologische Bibelinterpretation. Die Alternative, ob Gott innen oder außen ist, ist typisch dualistisch. Wenn Gott eher äußerlich behandelt wird wie ein Gegenstand, über den man verfügen kann, bleibt die Zustimmung zu Sätzen »über« Gott das Kriterium des Glaubens. Auf diese Weise wird Gott zum Herrschaftsinstrument im Sinne der Stabilisierung der jeweiligen kirchlichen Institution. Umgekehrt droht eine Art Glaubenspsychose, wenn alles Ordnende und Strukturierende aus dem Gottesbild verbannt werden muß, und die Distanz zwischen den geschichtlichen Orten etwa des Jesus-Geschehens und der heutigen Situation geleugnet wird, und Gott zum reinen Seelenbild wird. Hierin zeigt sich ein noch nicht gelöstes Problem des institutionalisierten Christentums: Die innere Bezogenheit und Polarität des inwendigen, ganz und gar subjektiven Gottes mit dem äußeren, sich in der Geschichte kollektiv symbolisierenden Gottes zu bejahen und Formen zu finden, durch die die Dynamik dieser Zweipoligkeit geschützt und gefördert werden kann.[11]

Der außengeleitete Mensch, der eher bereit ist, sich anzupassen als selbst zu handeln und zu gestalten, signalisiert in symptomatischer Weise den Verlust des inwendigen Gottes. In einer männlichen Hierarchie ist sicher ein solcher inwendiger Gott eher störend, weil er die Mündigkeit und Autonomie des Menschen begründet und ihn kritisch macht gegen Bevormundung und Gängelung von außen. Das außengeleitete Leben, ein Merkmal der fundamentalistischen Gesinnung, wie sie in Kapitel vier beschrieben wird, hat nun auf jeden Fall den »Vorteil« der Sicherheitsgarantie. Dieser Vorteil lockt vor allem in Zeiten allgemeiner Verunsicherung sehr verführerisch und entlastet von der Mühe risikoreichen Eigenlebens. Wer sich blind äußeren Autoritäten und ewigen Wahrheiten unterwirft, beruhigt die Angst seines Über-Ich, etwas falsch zu machen und gegen etwas zu verstoßen. Der Psychotherapeut Friedrich E. von Gagern stellt dieser außengeleiteten Lebens-

und Glaubensform die Feststellung gegenüber: »Unter Ausschluß der Sünde ist kein Reifen möglich.«[12]

Vielleicht ist es gerade die Angst vor dem Dunklen und Unbekannten, die es den Menschen vergessen ließ, daß die Sünde zu seinem Leben gehört. Anstelle der Auseinandersetzung mit diesem dunklen Bereich trat ein Vermeidungsverhalten, welches sich in religiösen Einstellungen verselbständigt hat und sich bisweilen wie ein Zwang ausnimmt, gut sein zu wollen. Natürlich sind solche Versuche eines Lebens ohne Schatten zum Scheitern verurteilt, denn das abgespaltene Dunkle und Gefährliche sucht sich auf dem Weg der Wiederkehr des Verdrängten in oft zerstörerischer Weise durchzusetzen. Aber nicht nur psychologisch, auch vom christlichen Glauben her ist dieser Versuch eines »reinen« Lebens letztlich als Weg vorbei an Gott zu werten, denn mit ihm und seiner Barmherzigkeit rechnet der sich selbst durch Gut-sein-Wollen erlösende Mensch nicht mehr. Bis in die kirchlichen Strukturen und Lebensformen hinein wirkt sich dieser ungläubige Zwang zum moralischen Perfektionismus aus, wenn man nur an die extreme Berührungsangst von kirchlicher Seite gegenüber abweichenden Lebensformen denkt oder an die Rigidität, mit der das Fremde und Neue oft abgewehrt wird.

Der lichte gegen den dunklen Gott

Daß für viele Menschen der Glaube an Gott auf das äußerliche Merkmal »Konfessionszugehörigkeit« geschrumpft ist, hängt nicht nur mit der oft beschworenen Säkularisierung der modernen Gesellschaft zusammen, sondern auch mit der Verstümmelung des Gottesbildes in der jüdisch-christlichen Überlieferung selbst. Aus dem ganzen, lebendigen, liebenden und furchterregenden, dem zärtlichen und dem gewalttätigen, dem liebevoll umfangenden und Schrecken einflößenden Gott ist der »liebe Gott« oder »unser Herr-Gott« geworden. Die Reinigung Gottes von seiner dunklen, erdhaft-weiblichen und erschreckenden Seite ist eine Folge der Zerstörung des »goldenen Kalbes«. Gott wurde zum lichten Bewußtseins-Gott und verlor die Bezüge zum dunklen Unbewußten. Ein solcher lichter und heller Gott vermag auch keinen Mut zu machen zu einem Leben, welches sich aus tieferen Quellen speist als nur aus der Quelle des Bewußtseins. Ein solcher von allem Erdhaft-Dunklen gereinigter Gott kann denn auch nicht mehr eingreifen in die tieferen Schichten der Seele, er hat keine Verbindung mehr zum Unbewußten und zum Kern des Selbst und vermag den Entwicklungs- und Strukturierungsprozeß menschlicher Selbstwerdung kaum noch zu fördern oder in Gang zu setzen. So bleibt Gott an der Oberfläche, seine Wahrheit wird zum »richtigen Satz« und zum objektiven Ding dieser Welt, wie oben beschrieben. Man kann über ihn reden und ihn denken, aber er bewirkt nichts mehr und dient bestenfalls der Bestätigung für das, was sowieso schon gedacht und getan wird: Gott als Verdoppelung dieser Welt!

Daß Gott zum lichten Bewußtseins-Gott wurde, hängt ohne Zweifel damit zusammen, daß der aufgeklärte Mensch den Zugang zu den Kellerräumen seines Seelenhauses weitgehend verloren hat und damit jenen Bereich der Seele verkümmern ließ, in dem es weder Moral noch Logik gibt: das Unbewußte. Je weniger der zivilisierte, moderne Mensch Zugang zu jenem Bereich hatte, desto größer wurde seine Angst vor allem Ungeordneten und Dunklen – nicht nur in seiner eigenen Seele. So hat die Theologen immer wieder die Frage beschäftigt, ob denn in Gott das Böse einen Platz haben darf und wie denn die Gutheit Gottes zu denken ist. Unabhängig von der theologischen Brisanz dieser Frage, kann man an folgendem Phänomen nicht vorbeisehen: In dem Maße, in dem Gott als das »Summum Bonum« – die absolute Gutheit – gedacht wurde, verstrickte sich die Menscheit in immer tiefere Konflikte mit ihrer eigenen Aggression. Die Reinigung des Gottesbildes von

31

allen dunklen und grausamen Seiten hat keineswegs zu einem humanen Umgang mit dem Bösen in den Herzen der Menschen geführt. Wenn man den eingangs postulierten Zusammenhang von Gottes- und Menschenbild mitbedenkt, kann das nicht wundern: Wenn Gott nur licht und hell und »gut« ist, dann wird er zum einseitigen Idealbild des Menschen, der auf diese Weise gezwungen wird, seine naturhaft-triebmäßige Ausstattung, die ja diesem Ideal zuwiderlaufen muß, abzuspalten und zu verdrängen.

Wie aber verhält es sich mit dem Gottesbild, das Jesus uns vermittelt und welches für Christen die letzte Stufe der Gottesoffenbarung darstellt? Wenn wir das Gottesbild anschauen, das im Jesus-Geschehen sichtbar wird, dann dürfen wir dieses nicht aus dem Hintergrund des jüdischen Gottesbildes herauslösen. Zweifellos ist das Neue am Gottesbild Jesu die Proklamation eines »Abba«, eines lieben Vaters, der die Sonne aufgehen läßt über Gute und Böse. Nicht der alte Gesetzes-Gott, sondern ein dem Inneren des Menschen naher Gott, der mehr barmherzig ist als gerecht, ist das unüberbietbar Neue in der Verkündigung Jesu. Aber bei all' dem bleibt bestehen, daß dieser neue Vater-Gott Jesu bezogen bleibt auf den alten Gesetzes-Gott. Jesus hat also den notwendigen Gegenpol in das alte Gottesbild eingetragen und nicht einfach etwas »positiv« Neues geschaffen. Vielleicht hat die christliche Theologie und Frömmigkeit aus einer tiefen Berührungsangst vor dem Juden Jesus den alten Gegenpol abgespalten. Im Handeln und Heilen Jesu selbst wird jedoch sichtbar, daß das Dunkle und Fremde, das Amoralische und Unästhetische der wichtigste Zugang zu ihm selbst wird. Sein Bild – und damit Gott selbst – finden wir in den dunklen Randfiguren: Im Kranken und Aussätzigen, im Zöllner und Betrüger, im Mörder und in der Hure begegnet er den Menschen und fordert sie auf, in der Begegnung mit ihnen sein Bild zu sehen. Ja selbst der Pharisäer als Vertreter des alten Gesetzes-Gottes bleibt in der konflikthaften Auseinandersetzung mit ihm nah. Der Nächste ist bei Jesus eindeutig der dunkle, dem Ich-Bewußtsein unbekannte Nächste. Als solcher weist er den Menschen auf seine eigenen dunklen, kranken, bösen und abgespaltenen Seiten hin. Als unbekannter Nächster wird er zum Träger des Gottesbildes Jesu, aus dem uns schöpferische Lebensimpulse zuwachsen.

Der Abba-Vater-Gott gegen den Herrscher-Gott

Wie wenig der Abba-Gott Jesu in seiner liebevollen »Lebenserlaubnis« von den Christen verinnerlicht werden konnte, zeigt sich in der Diskrepanz zwischen dem in Jesus sich offenbarenden und dem in den Seelen vieler Christen anzutreffenden Gott. Als »innerer Herrscher« treibt er sein Unwesen und zwingt in der Gestalt eines rigiden Über-Ich alles Lebendige unter seine furchtbare Herrschaft.[13]Zahlreiche neurotische Erkrankungen und Fehlentwicklungen sind die Folge. Das Fatale ist, daß die innere Unterwerfung unter diesen Tyrannen für die soziale Welt nicht folgenlos bleibt. Die Identifizierung mit dem Herrscher-Gott führt dazu, daß andere unterdrückt werden. Durch diesen Abwehrmechanismus der Identifizierung erfährt der einzelne dann zwar Entlastung, aber das soziale System wird dadurch zementiert. Aus dieser Identifizierung mit dem Angreifer, durch Rollenübernahme gestützt, speist sich die Stabilität und Rigidität vieler Institutionen. Psychoanalytisch gesehen wurzelt eine solche Glaubensgestalt in der Identifizierung des Göttlichen im Menschen mit einem starren Über-Ich. Dadurch werden weite Bereiche der Person, die jenseits des Über-Ichs den Kern unseres Selbst ausmachen und in körpernahen Erfahrungen wurzeln, ausgeklammert und verteufelt. Auf die inneren Motive für diese Unterordnung unter eine fremde, göttliche Autorität hat uns Freud aufmerksam gemacht: Die Erfahrung von Ohnmacht und Hilflosigkeit speist die Sehnsucht nach einem übermächtigen Vater,

der zur Abwehr aller Ängste gebraucht wird. Diese angstredu-
zierende Unterordnung unter eine idealisierte Vatergestalt hat
jedoch einen hohen Preis: Illusionistische Wirklichkeitsver-
zerrung, Denkhemmung und kindliche Unterwerfungsbereitschaft hindern den Gläubigen nach Freuds Ansicht daran, in
erwachsener Weise mit der Realität umzugehen und die
menschliche Ohnmacht und Hilflosigkeit zu ertragen. Vor allem aber die nach Art der Zwangsneurose verstandenen Rituale, religiösen Vorstellungen und moralischen Gebote machen
die Religion für die Zukunft der Menschheit so gefährlich,
weil sie Herrschaft stabilisieren und der Vernunft im Wege
stehen.[14]

Auch wenn uns diese Einschätzung Freuds im Hinblick auf die
Kraft der religionsfreien Vernunft geradezu naiv anmutet, so
bleibt seine Kritik an jeder Art autoritärer Religion eine blei-
bende Herausforderung. So ist es hierzulande nicht mehr in
erster Linie die infantile Unterwerfungsbereitschaft, die der
Entwicklung einer »humanistischen Religion« anstelle einer
»autoritären«[15] im Wege steht, sondern die Versuchung, die
Stelle Gottes in Welt und Geschichte durch den Menschen
selbst zu besetzen.

So kommt es unbewußt gerade bei Gläubigen zu jener Konstellation, die Horst-Eberhard Richter »Gotteskomplex«
nannte. Dadurch wird die Menschwerdung Gottes im Menschen umgangen, und der Mensch selbst setzt sich an die Stelle
Gottes. Der Mensch als Gott ist nicht nur Schreckbild einer
hybriden Selbstüberschätzung des Menschen ohne Gott, sondern eine Gefahr, der gerade auch der Mensch ausgesetzt ist,
der Gott im Schilde führt, ohne ihn in seine Personmitte einzulassen.

Gerade von einem Gott, der sich wie ein strenger Gesetzgeber
als Zaun um alles Lebendige legt, hat Jesus in seinem Reden
und Tun befreien wollen. Er ließ die Menschen aufatmen und
zerbrach den eisernen Ring, den ihre Brust umfing. Wie konnte es kommen, daß dieser neue Gott so wenig Einlaß fand in
die Seelen der Menschen und die Seinen ihn nicht aufnahmen

(vgl. Joh 1,11)? Möglicherweise hängt das unter anderem damit zusammen, daß der neue Liebes-Gott Jesu zu schnell vom alten Gesetzes-Gott abgetrennt wurde und es somit nicht zu einer fruchtbaren Auseinandersetzung und Wandlung des Gottesbildes kommen konnte. Wandlung und Entwicklung findet ja immer nur in der spannungsreichen Polarität statt. Zur Freiheit der Liebe findet nur der, der sich mit den alten Verfolgern und inneren Herrschern gründlich auseinandergesetzt hat. Der beste Zeuge für diese Auseinandersetzung ist Paulus, der zur Freiheit des Evangeliums und zum Vorrang der Liebe vorgedrungen ist durch die kontinuierliche Auseinandersetzung mit dem Gesetz. Nicht trotz, sondern aufgrund dieser Auseinandersetzung, wie sie sich in seinen Briefen niederschlägt, konnte er frei werden in Christus.

Diese konflikthafte Auseinandersetzung war im Streit Jesu mit den Pharisäern und Schriftgelehrten vorgezeichnet. Dieser Streit mit den Vertretern des alten Gesetzes-Gottes ist für das Gottesbild Jesu nicht eine äußere Randerscheinung, sondern gehört wesentlich zu ihm. Ohne diese Auseinandersetzung würde auch das neue Gottesbild Jesu bald verblassen. Die Befreiung zur Freiheit vom Gesetz und zur Liebe fand bei Jesus statt durch die Auseinandersetzung mit dem Gegenpol, den die Pharisäer in ihrem Gottesbild verkörperten. Deshalb ist es auch gefährlich und historisch falsch, wenn man die Pharisäer einfach verteufelt als Vertreter und Verteidiger etablierter Strukturen und Regeln, die durch den »Sohn« ein für allemal überwunden wären.[16] Vielmehr kommt es darauf an, die Spannungen zwischen Jesus und den Pharisäern, zwischen dem Liebes- und dem Gesetzesgott nicht einfach aufzulösen, sondern als Motor für ein reifes Gottesbild zu erhalten.

Der nährende Mutter-Gott gegen
den verschlingenden Mutter-Gott

Bisher haben wir vor allem die Gottesbilder genannt, die väterliche Bezüge haben, d. h. entwicklungspsychologisch in den zahlreichen Identifizierungen mit dem ödipalen Vater verwurzelt sind. Die neuere Psychoanalyse, vor allem die Objektbeziehungs- und Selbstpsychologie, die mit Namen wie Erikson, Mahler, Winnicott und Kohut verknüpft sind, zeigt uns, daß es noch eine andere, präödipale Schicht der Psyche gibt, die für unser Gottesbild von entscheidender Bedeutung ist. Wenn wir die Grundbedürfnisse und Konflikte der ersten drei Lebensjahre in den Blick nehmen, entdecken wir gleichsam die mütterliche Schicht des Gottesglaubens, die Freud noch weitgehend verborgen war. In dieser Zeit geht es um so elementare Wünsche wie Sicherheit, Wohlbehagen, Gehaltenwerden und Selbstwertgefühl. Es geht für das Kind um das Erlebnis einer befriedigenden Mutter-Beziehung und der anstehenden Trennung aus dieser mit ihr geteilten Welt in inniger Zweisamkeit.[17] Vereinfacht gesagt verwendet das Kind die Erfahrung von Sicherheit, Vertrauen, Größe und Selbstwertgefühl im Verbund mit einem idealisierten Mutterbild für seine eigene, sich allmählich herausbildende Gottesvorstellung. So kann sich eine Gottesvorstellung als Gewißheit, daß das Leben gut ist und es sich lohnt zu leben, in der Seele des Menschenkindes einnisten und sich als eine lebenslange Quelle der Kraft und Hoffnung erweisen. Dieses Gottesbild einer nährenden und fördernden Mutter kann sich jedoch nur dann im Kind aufrichten, wenn die eingangs beschriebene Aufgabe der Erreichung von Ambivalenz gelungen ist. Das bedeutet, daß die positiven Erfahrungen mit einer hinreichend guten Mutter so stabil sind, daß sie die negativen Erlebnisse einer versagenden und deshalb »bösen« Mutter überwiegen und letztere in sich aufnehmen. Ist das nicht der Fall, ist das Kind gezwungen, die gute und böse Mutter aufzuspalten, um auf diese Weise die wenigen guten Erfahrungen vor den aggressiven Tendenzen infolge erlittener Versagung und mangelnder Spiegelung zu schützen. Diese aggressiven Strebungen werden dann projiziert in die Außenwelt. Vor allem religiöse Bilder und Symbole eignen sich, zum Träger der Projektion der verschlingenden und »bösen« Mutter zu werden. Regelmäßig begegnet in Therapien mit kirchlich sozialisierten Menschen diese Projektion. Dann wird z. B. die Kirche unbewußt als »böse Mutter« erlebt, die das Leben verschlingt, das sie geboren hat. Es fehlt dann die Fähigkeit, sich in tragende Strukturen hineinzubegeben, und reifere Identifizierungen sind nicht möglich. In den Bildern der Religion finden sich zahlreiche Motive, die sich als Projektion der verschlingenden Mutter verstehen lassen: der Drache, der getötet werden muß, das Meer oder das Wasser, das zu verschlingen droht. Demgegenüber ist noch einmal an die barmherzig-mütterliche Seite des Abba-Gottes Jesu zu crinnern.[18]

Stellvertretend für den Wandel vom fressend-verschlingenden Aspekt Jahwes zum mütterlich-liebenden im Jesus-Geschehen sei auf die Jordantaufe hingewiesen, bei der der Geist Gottes, der ruach Jahwe, in Gestalt einer Taube auf Jesus herabkommt. Während in der Regel im Alten Testament der Adler als mächtigster Raubvogel das Symbol Jahwes ist, bezeichnet die Taube im Vorderen Orient die Gegenwart der Liebes- und Muttergottheit. Deshalb ist es menschheits- und religionsgeschichtlich von ungeheurer Bedeutung, wie Georg Baudler betont, daß der Geist Gottes als Taube erscheint: »Die Liebes- und Muttergottheit, die in ihrem verzweifelten Kampf gegen den alten Wildnis- und Himmelsgott zur Gorgo und zur Großen Hure von Babylon geworden war, die ihre Kinder verschlingt und versklavt, erscheint am Ende des Weges Abrahams als der immer schon erfahrbare gütige Aspekt des Wildnisgottes selbst, der sich in dieser Gestalt dem zuwendet, der sich gewaltlos und vertrauensvoll ihm anheimgibt.«[19]

In dem Gott, den Jesus verkündet, leuchtet also seine mütterlich-barmherzige Seite auf. Barmherzigkeit als neue Kategorie, die dem Gesetz gegenübergestellt wird, kennzeichnet

Gott, der nicht mehr abstrakt bleibt, sondern sich da verleiblicht, wo Menschen – wie im Gleichnis vom barmherzigen Samariter – sich von einer Not anrühren und zum Nächsten machen lassen. Nicht mehr die Gerechtigkeit, sondern die Barmherzigkeit wird zur wichtigsten Seite Gottes. Und das Wort Barmherzigkeit klingt in hebräischen Ohren weiblich: Es bedeutet soviel wie »Mutterschoß« in seiner bergenden und schützenden Bedeutung.

Es fragt sich, warum es der Kirche so schwergefallen ist und noch fällt, diesen Kern des jesuanischen Gottesbildes selbst zu realisieren. Man kann vermuten, daß das Christentum von Anfang an unter einem Druck stand, sich im Tun, im Handeln bewähren zu müssen. Da das Ende der Welt und die Wiederkunft Christi doch nicht unmittelbar bevorstanden, mußten sich die Christen wieder auf diese Welt und das Leben in ihr einlassen. Dadurch erfolgte eine rasche ethische Aufladung des Glaubens im frühen Christentum, was dieses wiederum zu einer »Lehre« werden ließ, die vor allem auch ethische Prinzipien formulierte. Ein Vorgang, der mit der Institutionalisierung der Christentums als Staatsreligion durch Konstantin noch einmal unterstützt wurde.

Durch diese Etablierung des Christentums als öffentlicher und offizieller Religion wurde Gott wieder mehr gerecht als barmherzig, aus dem Abba Jesu, dem barmherzig-mütterlichen Gott, wurde wieder ein männlicher, dem Gesetz nahestehender Gott. So entstand jene eigentümliche Spaltung von Theorie und Praxis, Lehre und Erfahrung, die ein noch heute ungelöstes Problem des institutionalisierten Christentums darstellt: daß nämlich in der Verkündigung der Kirche amtlich der liebende Abba-Gott Jesu bezeugt wird, im Lebensvollzug der Kirche aber – besonders sichtbar werdend im Umgang mit Konflikten, z. B. mit Geschiedenen, Homosexuellen, ausscheidenden Priestern – der alte tyrannische Gesetzes-Gott regiert. Diese Spaltung von Wort und Tat ist für viele Menschen so unerträglich, daß ihnen nur Rückzug und Abkehr als »Lösungen« bleiben. Diese Spaltung von Wort und Tat kann wohl nur dadurch überwunden werden, daß die Kirche die notwendige Trauerarbeit leistet über den notwendigen Verzicht auf Herrschaft und Kontrolle. Nur so kann sie ihre Angst überwinden und den anderen, neuen Gott Jesu bezeugen. [20] Würde die Kirche selbst diesen Aspekt der mütterlich-gütigen Seite Gottes und damit den Abba Jesu verkörpern, anstatt ihn in den Bereich von privater Mildtätigkeit und institutionalisierter Caritas zu entlassen, dann könnten Menschen in ihrem Raum lernen, mit sich selbst gütiger zu sein. Kirche könnte zum sozialen Ort werden, an dem Menschen aufatmen und heil werden, weil sie in einer Atmosphäre leben, in der sie ohne Angst vor den dunklen Seiten sich zeigen können (vgl. dazu Kap. 7).

Auch hier läßt sich die eingangs erwähnte Borderline-Pathologie mit ihrem zentralen Abwehrmechanismus der Spaltung auf das Verhältnis Kirche – Kirchenvolk anwenden. Die krankmachende Spaltung resultierte ja aus einer tiefgreifenden Störung des Mutter-Kind-Verhältnisses. Wenn das Kind infolge einer uneinfühlsamen und versagenden Mutter nicht auf ein gutes verinnerlichtes Mutterbild zurückgreifen kann, vermag es die Aufgabe der Loslösung von ihr nicht zu bewältigen. Um ein stabiles Identitätsgefühl aufzubauen, bedarf es ausreichender Erinnerungsspuren an frühere Befriedigungserlebnisse. Weil diese dem späteren Borderline-Patienten nicht zur Verfügung stehen, bleibt der Autonomieerwerb gefährdet: Das Kind klammert sich an die Mutter und verzichtet auf Selbständigkeit, um die Sicherheit nicht zu gefährden; die Mutter ihrerseits erlaubt keine Verselbständigungsversuche des Kindes, um die eigene labile Identität nicht zu gefährden. Was hier für die Dynamik zwischen Borderline-Müttern und Kindern gesagt ist, läßt sich leicht auf das Verhältnis von »Mutter Kirche« zu ihren »Söhnen und Töchtern« übertragen. [21] Aus Angst vor eigenem Substanz- und Machtverlust verbietet die Kirche die Autonomiebestrebungen ihrer Kinder. Weil sie selbst nicht das Bild einer nährenden und schützenden Mutter verkörpert, macht sie es ihren Gläubigen schwer, das Bild eines mütterlich-barmherzigen Gottes in der Weise des Abba-Vaters Jesu in ihren Seelen auszuprägen. Denn schließlich ist ja die Kirchenerfahrung der meisten Menschen entscheidend für die Prägung und Ausgestaltung ihres Gottesbildes.

Wenn es – wie im dritten Teil ausgeführt – einer therapeutisch orientierten Seelsorge um die Aufhebung dieser Spaltungen geht, so darf das doch nicht verwechselt werden mit einem naiven Glauben an Ganzheit oder Ganzheitlichkeit. Diese Begriffe sind ja zu Zauberworten von Esoterik, Naturheilkunde, zahlreichen Psychotherapieverfahren und religiös-ökologischen Bewegungen geworden. Ihren Reiz beziehen sie aus dem dualistischen Erbe abendländischer Geistesgeschichte und Religion. An dieser Stelle soll der Klarheit wegen gesagt sein, daß eine solche Zielvorstellung nicht einfach übernommen werden kann, da sie zu idealistisch anmutet und eher neuen Über-Ich-Druck erzeugt. Im übrigen ist die theologische Anthropologie in Übereinstimmung mit der Psychoanalyse Sigmund Freuds viel realistischer. Menschliches Dasein steht unter dem Stern der Gebrochenheit, die niemals aufzuheben ist. Leben ist durchkreuztes, konflikthaftes Leben und steht unter dem eschatologischen Vorbehalt. Wenn man diesen Vorbehalt im Hinblick auf Ganzheit und Heilsein akzeptiert, kann man darangehen, nach Möglichkeiten zu suchen, das Auseinandergefallene wieder zu verbinden zu suchen. Diesem Interesse dient auch das nächste Kapitel, in dem der Schwerpunkt auf der Praxis des Glaubens liegt: Im Auseinandertreten von Heil und Heilung, Seelsorge und Psychotherapie sollen die praktischen Folgen der Spaltung im Gottesbild beschrieben werden.

Kapitel 2: Das Auseinandertreten von Heil und Heilung, Religion und Psyche

Die Halbierung des Gottesbildes und die Abtrennung von seinem dynamischen Gegenpol bewirkte auch eine Spaltung in der Praxis des Gottesglaubens: Die Krankheiten heilende Frucht des Glaubens trat zurück hinter die immer abstrakter werdende Heiligung der Seele. Die Tatsache, daß es die beiden Begriffe Heil und Heilung gibt, ist Ergebnis eines langen Differenzierungsprozesses, in dem sich die Medizin als Instanz der Heilung von Krankheit von der Religion als Instanz der Vermittlung von Heil abgetrennt hat. Das heißt aber auch, daß ursprünglich beides zusammengehörte. Wenn Seelsorge, Medizin und Psychotherapie im Interesse des ganzen Menschen und seines Heilseins miteinander kooperieren und voneinander lernen wollen, dann müssen sie sich der Voraussetzungen ihrer Existenz bewußt sein. Daher ein Blick auf die gemeinsame Quelle und die Entfremdung von ihr.

Das Ende des natürlichen Paradieses

Eugen Biser zählt es zu den größten Intuitionen der Menschheit, Heil und Heilung als Einheit zu empfinden.[1] Daß es überhaupt eine Instanz geben muß, die heilbringend und heilend zugleich ist, hängt mit der Endlichkeitserfahrung der Menschheit zusammen: Dasein ist begrenzt, Leben verletzbar. Diese Kontingenzerfahrung setzte wahrscheinlich in der Zeit des Mesolithikums ein, als der Mensch seßhaft wurde und seine Lebensformen sich vom Jäger und Sammler zum Bauern und Siedler hin veränderten. Daraus ergab sich die Notwendigkeit der Gestaltung der Natur, von der er sich immer mehr abgrenzte und sich nicht mehr als Teil derselben verstehen konnte. Die Wildnis, in die er sich durch Teilhabe am Kreislauf von Werden und Vergehen eingebettet fühlte, verwandelte sich immer mehr zum Park. Die natürliche Umwelt war nicht mehr das bergende und umhüllende Sein, sondern wurde zur bedrohlichen Macht, die sein Dasein gefährdete. Diese Veränderung, die im Neolithikum ihren Höhepunkt fand, kann mit dem biblischen Bild von der Vertreibung aus dem natürlichen Paradies beschrieben werden, welche zur Geburt der städtischen Hochkulturen im Vorderen Orient führte.[2] Die Kulturentwicklung ist also die Folge einer zentralen menschlichen Grunderfahrung, nämlich an der Begrenztheit des natürlichen Lebens zu leiden und diese durch göttliche Hilfe zu überwinden zu suchen. Heil bedeutet jetzt die Sehnsucht nach Ganzheit, aber auch Erlösung von der Natur als Ursache der Todverfallenheit. Dabei bleibt die Heilung von den natürlichen Erkrankungen aber verbunden mit der rituell erfahrenen Erlösung von der Todverfallenheit des Lebens überhaupt.

Gesundheit und Heilung von Krankheit wurden ungeachtet der menschlichen Bemühung um sie als Gewährung der Gottheit verstanden. Im griechischen Götterhimmel waren es Asklepios und Apoll, Hera und Aphrodite, welche als Götter nach Art eines Priesterarztes wirkten. Im Alten Testament erscheint Jahwe als derjenige, der sein Volk aus einschränkenden Lebensbedingungen im Sklavenhaus Ägypten befreit und in der Heilung beschädigter Lebensbedingungen dem Volk Heil schafft.

Die Emanzipation der Heilkunde von der Religion

Die Abtrennung der Heilung beschädigten, kranken Lebens aus dem Zuständigkeitsbereich des Göttlichen führt Hippokrates (460 bis 377 v. Chr.) mit dem Satz herbei, daß Krankheiten durch die Natur geheilt werden müssen. Dabei brachte er die vielen Vorläufer einer naturwissenschaftlichen Medizin auf den Begriff, ohne die religiöse Grundkomponente aufzugeben. Hippokrates setzt eine medizinische Forschung in Gang, die sich auf Gebiete wie Anatomie, Physiologie, Chirurgie bezieht, aber auch Fragen nach dem Einfluß klimatischer Bedingungen auf den menschlichen Organismus einschließt. Damit war die Emanzipation der Medizin aus dem Zuständigkeitsbereich der Religion unumkehrbar in Gang gesetzt. Dieser Emanzipation der Heilkunde entspricht auf der Seite der Religion eine Verringerung ihrer heilenden Wirkung: In der Geschichte des Christentums wird dieses immer mehr zur abstrakten Lehre: Heil wird zu einem jenseitigen Gut, welches abgekoppelt wird von leiblichen oder seelischen Erfahrungen des Menschen, welche spätestens seit der Aufklärung vorerst endgültig der Zuständigkeit der Religion entglitten sind. Glaube wird in deren Folge immer erfahrungsloser und gibt sich endlich als reine Lehre aus, die nur noch geglaubt und gelernt werden kann ohne Bezug zur eigenen Existenz.

Die Geburt der Psychotherapie

Infolge der Aufklärung als einer Spätfolge der Zerstörung des goldenen Kalbes ist nun nicht nur die Sorge um körperliches Wohlergehen und Heilsein aus dem Bereich der Religion in die Zuständigkeit säkularer Instanzen übergegangen, auch die seelische Wirklichkeit des Menschen ist endgültig dem religiösen Deutungshorizont entglitten. Die Entdeckung der Psychoanalyse durch Sigmund Freud findet zwar auch gegen den anfänglichen Widerstand der etablierten Medizin statt, weist deshalb aber noch keinen religiösen Bezug auf. Im Gegenteil: Freuds Einsichten in die Tiefenstrukturen der Seele geben sich streng religionskritisch, bleiben ihr aber auf dem Weg der Verneinung auf eigentümliche Weise verbunden.

Mit der Geburt der modernen Psychotherapie entgleitet nun auch die Sorge um die Seele weitgehend der Zuständigkeit der Seelsorge: Psychotherapie bezieht sich künftig auf die Heilung der Seele, Seelsorge kümmert sich künftig in Unkenntnis der seelischen Wirklichkeit des Menschen nur noch um dessen abstrakt gewordenes Seelenheil. Diese unselige Aufspaltung von Heil und Heilung muß also verstanden werden als das Ergebnis eines geschichtlichen Aufklärungsprozesses, an dessen Folgen die Seelsorge vermutlich mehr leidet und mehr aufzuarbeiten hat als die Psychotherapie. Infolge dieses Bruchs wird der Glaube immer erfahrungsloser und die alltäglichen Erfahrungen immer gottloser. Seelsorge entwirft sich künftig als Seelenheil-kunde, während sich die Psychotherapie als Seelen-heilkunde verstehen kann.

Die Theologen haben sich diese Unterscheidung zunutze gemacht und folgende Lösung gefunden: Psychotherapie leistet Vorfeldarbeit, indem sie die Seele des Menschen zuallererst instandsetzt, sich auf ein jenseitiges, religiöses Heil beziehen zu können. Die Psychotherapie ihrerseits hat sich infolge ihrer religionskritischen Tradition, insofern sie auf Freud zurückgeht, nicht nur abstinent verhalten in Fragen der religiösen Bezüge des Menschen, sondern diese allzu schnell als Illusionsbildung, kollektive Zwangsneurose und Fixierung in infantilen Wünschen abqualifiziert.

Wenn man nun die Aufspaltung von Heil und Heilung, von Religion und Psyche, von Sinnlichkeit und Bewußtsein als geschichtlichen Sündenfall begreift, kann das nicht bedeuten, in einem idealen Entwurf diese Entwicklung einfach rückgängig zu machen. Die Ausdifferenzierung der Wissenschaften und

Institutionen läßt sich nicht durch Rückgriff auf ein archaisches Ideal überwinden, etwa in der Art, daß Priester und Therapeut nach dem Bild eines Schamanen zusammengefügt werden sollen.[3] Wenn wir über den inneren Zusammenhang von Heil und Heilung nachdenken, dann ist es zunächst einmal hilfreich, die geschichtliche Trennung von religiösem Heil und psychischer Heilung zu akzeptieren. Sie hilft, getrennt zu denken, was natürlich in der Seele des Menschen zusammengehört, und sie bewahrt vor grober Selbstüberschätzung, die etwa darin besteht, daß sich ein Seelsorger allzu schnell auf psychologisches Glatteis begibt, und umgekehrt ein Psychotherapeut seine ohnehin vom Patienten idealisierte Tätigkeit auch noch mit einer religiösen Aura umgibt. Im praktischen Vollzug trenne ich selbst zwischen meiner psychotherapeutischen und seelsorglichen Arbeit, denn man kann nur integrieren, was eine eigene Identität hat.

Der Zusammenhang von Religion und Psyche

Wenn man diese Voraussetzung erst einmal akzeptiert, dann kann man in einem zweiten Schritt darangehen, die Einheit von Religion und Psyche ins Auge zu fassen. Diese Einheit meint freilich nicht eine Identität des Theologischen mit dem Psychologischen, sondern sucht die psychische Grundlage jedes religiösen Glaubens, also dessen natürliches Fundament in der Seele des Menschen aufzuzeigen. Keineswegs sollen damit die Inhalte des Glaubens in »nichts als« psychische Projektionen und Wünsche aufgelöst werden. Im Gegenteil, diese werden erst recht verständlich, wenn deutlich wird, mit welchen primären Grundwünschen und Konflikten sie korrelieren. Aus der Sicht der modernen psychoanalytischen Entwicklungspsychologie stellt sich – sehr vereinfacht gesagt – die psychische

Grundlage des Glaubens so dar: Die Religion des Menschen ist nicht nur neurotisches Symptom infolge einer fehlgeleiteten oder fixierten menschlichen Entwicklung, sondern ein eigenständiger Wirklichkeitsbereich. Dennoch läßt sich keine eigene Quelle des Religiösen in der Psyche des Menschen ausmachen, sie ist vielmehr integraler Bestandteil der allgemeinen psychischen Entwicklung: Im frühen Wunsch des Menschen, das verlorene Paradies wiederzufinden, und in seinem Wunsch nach Autonomie und Individuation kann Religion unterstützend wirken und diese beiden Wünsche zum Ausdruck bringen: Religion kann einerseits verbinden mit dem mütterlichen Urgrund des Daseins, indem sie letztlich das Urvertrauen in das menschliche Leben ermöglicht (Paradiesesreligion), und Religion kann zur Emanzipation von den ersten Liebesobjekten führen, den Gang in die Freiheit anregen und von einer lebenseinschränkenden Symbiose befreien (Exodusfunktion der Religion).[4] Aus zahlreichen Psychotherapieprozessen läßt sich belegen, wie hilfreich solche Bilder und Symbole für den Selbstausdruck des Klienten sind und wie solche Bilder den Entwicklungsprozeß der Persönlichkeit in Gang setzen und von einseitigen Fixierungen befreien können.

Heil und Heilung als biblischer Auftrag

Von theologischer Seite stellt sich der Zusammenhang von Heil und Heilung so dar: Das Urdatum der Offenbarung Jahwes, der Exodus aus Ägypten, ist untrennbar verbunden mit dem Prozeß der Volkwerdung Israels. Die heilende Befreiung aus der Sklaverei ist das Heil: Jahwe ist kein zusätzlicher, später erdachter Name für ein bereits erfahrenes Heil, sondern er ist identisch mit dem Befreiungsprozeß selbst. Der Name Jahwe bleibt im alten Israel gekoppelt an die Erinnerung an die geschichtliche Befreiung aus der Sklaverschaft

Ägyptens. In der Gestalt des Abraham wird dieser kollektive Heilungs- und Befreiungsweg noch einmal an einer individuellen Gestalt nacherzählt: Wie er in der Trennung von seinem Vaterhaus zu sich und seinem Gott findet. Die Zerstörung des goldenen Kalbes hat im Alten Israel die Einheit von Heil und Heilung noch nicht auflösen können.

Im Neuen Testament findet dieser Zusammenhang sogar noch eine weitere Verdichtung: Jesus selbst versteht seine Verkündigung des Reiches Gottes und seine Heilungtaten als Einheit, so daß er mit diesem Doppelauftrag die Jünger aussendet, nämlich zu heilen und zu verkünden (Lk 9, 2: »Und er sandte sie aus mit dem Auftrag, das Reich Gottes zu verkünden und zu heilen.«). Jesus selbst bringt in den Gleichnissen und Wundern Gott ins Spiel, indem er auf seinen Namen weitgehend verzichtet, wohl aber, indem er erzählt und heilt – wobei bemerkenswert ist, daß er sich weitgehend der Alltagssprache bedient. Wenn man sich etwa die Heilung des Taubstummen in Mk 7, 31-37 anschaut, so sind es weitgehend therapeutische Tätigkeiten, die Jesus ausführt: Kontaktaufnahme, Berührung, Ausgrenzung aus der Masse, dem Kranken die Initiative überlassen.

Diese Heilungspraxis Jesu hat sich jedoch in der Praxis des frühen Christentums – infolge der Verarbeitung der Parusieverzögerung – bald verflüchtigt, so daß die in der Frühzeit beliebte Redewendungen wie »Einer ist der Arzt« und »Hilf, Christus, du bist der Arzt« rasch verschwinden.[5]

Dennoch: Von der Praxis Jahwes und Jesu her läßt sich Kritisches sagen zu den heutigen Verengungen, denen die Begriffe Heil und Heilung unterliegen. Ich greife zwei Punkte heraus, die Seelsorge und Psychotherapie betreffen.

Heil ist nicht gleich symptomfrei

Wenn wir Heil und Heilung wieder als Einheit begreifen, heißt das, den Menschen nicht nur an seinen Symptomen bzw. einer möglichen Symptomfreiheit zu messen und diese zum Maßstab für Gesundheit zu machen; eine Gefahr, in der die moderne Psychotherapie in dem Maße steht, in dem sie sich den Erfordernissen unseres Gesundheitssystems angepaßt hat. Die Kritik einer rein symptombezogenen Heilungspraxis ergibt sich aus dem Bericht von der Heilung der zehn Aussätzigen in Lk 17, 11-19. Zehn werden hier gesund im Sinne der Symptomfreiheit; aber nur zu dem einen, der zurückkommt und dankt, sagt Jesus: »Steh auf und geh, dein Glaube hat Dir geholfen«. Hier ist das Heilungsgeschehen in eine Tiefe vorgestoßen, in der die eigentliche Dynamik des Krankmachens wirkt. Hier ist das Vertrauen in eine tragende Wirklichkeit wieder hergestellt, hier hat ein Mensch seine Menschlichkeit wiedergefunden, indem er den Gedanken zulassen kann, daß er sich und sein Leben einem anderen verdankt.

Ich bin mir im klaren darüber, daß es in der praktischen Arbeit in Seelsorge und Psychotherapie zunächst darum geht, Menschen von ihrem akuten Leidensdruck zu befreien, Krisenintervention zu leisten, vielleicht eine Symptomatik abzumildern oder eine Krise bewältigen zu helfen. Die Gefahr dieses symptombezogenen Arbeitens ist freilich die, daß wir Menschen einfach nur wieder funktionsfähig machen im Sinne eines gesellschaftlich erwünschten Angepaßtseins. Genau an diesem Punkt können Seelsorge und Psychotherapie, sofern sie Anwalt des Subjekts sind, an einem Strick ziehen: Für die Seelsorge ist der Mensch mehr als seine gesellschaftlich erwarteten und erfüllten Funktionen, so wie die Psychoanalyse sehr zurückhaltend ist in der Definition dessen, was krank und gesund ist. Beide Disziplinen fragen, ob nicht der äußerlich scheinbar konfliktfreie und gesunde Mensch der wirklich Gestörte und ob nicht gerade der an Konflikten und Symptomen Leidende der eigentlich Gesunde ist, weil er noch an unheilvollen Verhältnissen leiden kann und sich weigert, sich diesen krankmachenden Strukturen anzupassen und deshalb »krank« wird. Die Psychoanalyse etwa sieht im neurotischen Symptom nicht nur etwas völlig Fremdes, sondern ein gesteigertes Normales. Es geht dann darum, die Symptome eines leidenden Menschen als Lösungsversuche zu verstehen und sie als Ausdruck einer unverwechselbaren Subjektivität zu begreifen. Auch die Seelsorge sieht im leidenden Menschen nicht einfach denjenigen, der falsch lebt. Sie fragt, ob ein solchermaßen geplagter Mensch dem Heil nicht möglicherweise näher ist als der scheinbar Gesunde. Die oben erwähnte Heilungsgeschichte legt es nahe, so zu denken.

Recht verstanden: Ich rede keinem christlichen Masochismus das Wort, der Leid und Elend im Namen des Kreuzes glorifiziert. Aber es geht darum, daß wir in Seelsorge und Psychotherapie nicht einfach die gängigen Leitbilder gesellschaftlich erfolgreichen und gesunden Lebens übernehmen, sondern den Menschen um seines Heiles willen begreifen als jemand, der in Konflikte verstrickt ist und daß in deren Bewältigung – und nicht in deren Verdrängung – Heil liegt, so wie es im Ruf der Karfreitagsliturgie »im Kreuz ist Heil« zum Ausdruck kommt. Für Therapie, Beratung und Seelsorge könnte das bedeuten, die Inszenierungen, Symptome und Texte von Klienten als Leidensgeschichten zu verstehen, in denen sich »sozial nicht zugelassene Verhaltensentwürfe, die sich nur im Leiden, als Leiden, als leidvoller Widerspruch gegen die gesellschaftlichen und kulturellen Verhältnisse äußern können.« [6] Ein gesellschafts-diakonischer Ansatz von Therapie, Beratung und Seelsorge hätte sich dann darin zu bewähren, ob er nämlich die unbewußt-uneingestandenen Lebensentwürfe, die sich hinter dem »Text« des Klienten verbergen, aufzuspüren bereit ist und ein soziales Milieu bereitstellt, in dem diese nicht sofort wieder sprachunfähig, d. h. unbewußt gemacht werden. Dazu bedarf es kommunikativer Orte der Verständigung, an denen über neue Lebensentwürfe und Lebensformen debattiert werden kann. Einen solchen Ort nennen wir theologisch Gemeinde. [7]

Die Einheit von Selbstwerdung und Gottfindung

Heil und Heilung zusammenzusehen, heißt auch, an der Einheit von Selbsterfahrung und Gotteserfahrung, Selbstwerdung und Gottfindung festzuhalten. Damit berühren wir ein weiteres unseliges Symptom der Spaltung von Heil und Heilung: Im Raum des Christentums wurde Selbstverwirklichung oftmals als ein weltlich Ding betrachtet, eher dem sündhaften Egoismus des Menschen zuzurechnen, und nur die selbstlose Hingabe konnte als die eigentlich christliche Möglichkeit der Lebensführung ausgegeben werden. Selbsthingabe ist sicherlich ein hoher und auch anzustrebender Wert, das Tragische aber liegt darin, daß diese Selbsthingabe gefordert wurde von Menschen, die niemals zu ihrem eigentlichen wahren Selbst gefunden haben. Dahinter verbirgt sich ein tiefes Mißtrauen gegen die Individualität des Menschen, gegen seine Bedürfnisse, gegen seinen Anspruch, im eigenen Recht zu leben. Psychologisch kann ja ein Mensch zu Solidarität, Hingabe und Absehen von sich selbst nur fähig werden, wenn er zuvor ein eigenes Selbst entwickelt hat.[8] Psychotherapie und Seelsorge als zwei Wege zum Menschen treffen sich in dem gemeinsamen Anliegen, Anwalt des Subjekts zu sein, Menschen beizustehen, ihre eigene Individuation voranzutreiben, sich auf den Weg zu machen zu ihrem verborgenen, wahren Selbst und so fähig zu werden zu Solidarität und Engagement, zu politischem Handeln und kosmischer Empathie (vgl. auch den »Ausblick« in diesem Buch).
Hier fragt sich, ob die Betonung des Individuellen in Seelsorge und Psychotherapie nicht in puren Individualismus mündet? Wird das Heil bei einer solchen Sicht nicht reduziert auf das Individuelle, Private? Und müßte hier theologisch nicht gesagt werden, daß das jüdisch-christliche Heil immer umfassend, kollektiv ist? In der Tat: Jesus selbst kündet das künftige Heil immer in kollektiven Kategorien an (Reich Gottes, Hochzeitsmahl, Himmlisches Jerusalem). Und obwohl er selbst politisch provozierend lebte und sprach, hat er niemals den einzelnen übersprungen. Durch ihn wissen wir, daß beim ein-

zelnen die Geschichte Gottes mit den Menschen seinen Anfang nimmt. Das ist biblisch verstandenes Heil: Wo Menschen zu sich selbst finden, Leben lernen auf eigene Kosten, frei von Projektionen, dort wird dieser Prozeß als Gottfindung, ja als Offenbarung qualifiziert.

Der viel beklagte Individualismus ist in dieser Sicht eher die Folge einer zu geringen Beachtung des wirklich Individuellen. Die sogenannte schizoide Struktur unserer Gesellschaft ist Symptom eines Rückzugs von Individuen, die viele Enttäuschungen erlebt haben und deren Person zu wenig ernstgenommen wurde. Schizoide und narzißtische Charakterstrukturen sind immer Abwehr gegen erlittene Enttäuschungen, gegen eine narzißtische Ausbeutung des Kindes, sie sind Schutz vor Mangel an Respekt vor der eigenen Ich-Grenze. Seelsorge und Psychotherapie können Anwalt des Subjekts sein, ohne die krankmachenden Verursachungszusammenhänge zu verleugnen. Natürlich muß immer mitgedacht werden, wie sich krankmachende Verhältnisse in die Psyche des Menschen einnisten, natürlich ist auch der politische Zusammenhang miteinzubeziehen. Aber das alles darf nicht alternativ gedacht sein. In den Räumen der Seelsorge und in den psychotherapeutischen Praxen darf der einzelne nur Subjekt sein, und in diesem Raum der Erlaubnis, da zu sein, kann er sich entfalten und sich öffnen für größere Zusammenhänge.

Seelsorge und Psychotherapie: Zwei Wege zum Menschen

Wenn man also Heil und Heilung als gemeinsames Ziel von Seelsorge und Psychotherapie begreift und beiden die Aufgabe der Überwindung der Spaltung und die Geburt des wahren Selbst ansinnt, dann ist nach den jeweils spezifischen Möglichkeiten dieser beiden Wege zum Menschen zu fragen. Zunächst ist jedoch festzuhalten, daß die Frage nach dem Verhältnis von Seelsorge und Psychotherapie einem Mangel auf beiden Seiten entspringt:

Seelsorger erfahren, daß immer mehr Menschen in seelischer Notlage abwandern in den unübersehbaren Bereich des Psychotherapiemarktes. Sie trauen dem kirchlichen Seelsorgeangebot kaum noch die Fähigkeit zu einer heilenden Hilfe zu. Bestenfalls als erste Anlaufstelle suchen Menschen in seelischer Not einen Geistlichen auf. Ohne diesen Verlust an Zuständigkeit hinreichend analysieren zu können, fällt doch folgendes auf:

– Viele Seelsorger stehen der seelischen Not eines Menschen hilflos gegenüber. Wenn sie selbst – trotz einer tiefen Angst vor der vielfach gefürchteten Psychologisierung des Glaubens – offen sind für die innere Not eines Menschen, verweisen sie diese an zuständige Fachleute aus dem Gebiet der Psychotherapie.

– Andere Seelsorger wiederum nehmen sich der Hilfesuchenden an, sind jedoch infolge ihrer fehlenden Kompetenz im Umgang mit seelischen Dingen bald am Ende ihres Lateins.

– Nur ganz wenige verfügen über die notwendige Ausbildung, um Menschen heilend zu begleiten.

Wir stellen also einen Verlust an Wissen im Umgang mit der seelischen Wirklichkeit fest bei Menschen einer Institution, die sich die Sorge um die Seele zum Anliegen gemacht hat. Diesen Verlust spüren wir nicht erst heute. Bereits vor über achtzig Jahren versuchte der evangelische Pfarrer Oskar Pfister aus Enttäuschung über die Wirksamkeit amtlicher Pastoral eine kirchliche Seelsorge zu begründen, die die Erkenntnisse der gerade populär gewordenen Psychoanalyse in die Seelsorge zu integrieren suchte.[9] Seitdem gibt es eine große Zahl von Ansätzen, die tiefenpsychologischen Einsichten in die seelischen Vorgänge des Menschen für die Seelsorge fruchtbar zu machen, wobei die theologische Seite sich häufig in der Defensive befand bzw. ihren Mangel deutlicher spürte als die Psychotherapie.[10]

Auf der anderen Seite ist das Thema Religion und Glaube in der Psychotherapie lange ein Tabu gewesen. Die ablehnende Haltung Freuds gegenüber der Religion, die er als kindliche Wunscherfüllung und als kollektive Zwangsneurose zu entlarven suchte, begünstigte eine Haltung unter Psychotherapeuten, die religiösen Fragen ihrer Patienten als Abwehr zu verstehen, die einer reifen Persönlichkeitsentwicklung im Wege stehen. Aber auch hier zeichnet sich in den letzten Jahren ein Wandel ab, begünstigt durch neuere Einsichten in den Zusammenhang von Psyche und Religion: Religion wird nicht mehr nur als neurotisches Symptom verstanden, sondern als authentisches Symbol, welches die gesunde seelische Entwicklung des Menschen fördern kann und Grundfragen zur Existenz in gültiger Weise zur Sprache bringt.[11]

Befreiung der Psyche als Tat der Erlösung?

Unabhängig davon, wie Psychotherapie und Seelsorge im einzelnen arbeiten, stellt sich die Frage, ob denn die Hoffnung auf zwischenmenschliche Hilfe mit seelischen Mitteln letztlich in der Hybris des aufgeklärten Menschen wurzelt, sich selbst das Heil und die Erlösung aus der Begrenztheit des Daseins geben zu können. Der Vorwurf der Selbsterlösung, die gnostische Gefahr, ist der Psychotherapie und deren Anwendung im kirchlichen Bereich immer wieder gemacht worden. Dazu ist zunächst zu sagen, daß dieser Vorwurf oft aus Angst vor Berührung mit einer fremden Wissenschaft und deren Anwendung geboren wurde. Bei aller berechtigten Kritik an mancher Selbstüberschätzung der Psychotherapie bringt dieser Verdacht des Christentums dieses selbst in Mißkredit; denn dieses steht in Gefahr, erst die Erlösungsbedürftigkeit des Menschen herauszustellen, um dann um so glanzvoller sich selbst als Rettung anzupreisen. In diese gefährliche Falle ist das Christentum oft genug getappt, und immer wieder haben die Religionskritiker ihm das vorgehalten. Eine Religion, welche die Not, von der sie erlösen will, erst schaffen muß bzw. deren Behebung auf anderen Wegen verdächtigt, verspielt ihre Glaubwürdigkeit. Wenn der Glaube wirklich von der Erlösungsbedürftigkeit des Menschen durch Gott überzeugt ist, kann er darauf verzichten, buchhalterisch die Erlösungsversuche des Menschen zu notieren und zu beargwöhnen. Besonders hier gilt das Wort Jesu: »Wer nicht gegen uns ist, ist für uns. Wer euch auch nur einen Becher Wasser zu trinken gibt, weil ihr zu Christus gehört, Amen, ich sage euch, er wird nicht um seinen Lohn kommen.« (Mk 9, 40f)

Wenn man in der Weise Jesu diese Berührungsangst vor dem Fremden überwunden hat, dann kann man freilich auch Kritisches sagen zur Gefahr der Selbstüberschätzung der Psychotherapie. Diese ist eine relativ junge Wissenschaft – vor etwa 100 Jahren entdeckte Freud die Psychoanalyse –, und wie vielen jungen Disziplinen steckt ihr sicher noch aus Begeisterung über ihre Erfolge eine Portion Selbstüberschätzung in den Knochen. Wenn man jedoch erfahrene Therapeuten sprechen hört, beeindruckt immer wieder deren Einsicht in die Begrenztheit der Psychotherapie. Diese kann nicht das bieten, was die Religion im Umgang mit dem Menschen auf einem langen Weg durch die Geschichte an Lebenswissen angesammelt hat. Umgekehrt eignet sich die Psychotherapie – besonders bei Menschen, die keine Erfahrung mit ihr haben – dafür, idealisiert zu werden. Geradezu magische Erwartungen und Omnipotenzphantasien können in sie hineinverlagert werden, und manchmal fragt man sich, ob es nicht gerade die christlichen Kritiker der Psychotherapie sind, die aus Enttäuschung über ihre »Erlösung« durch die Religion die Psychotherapie in solcher Weise großmachen, daß sie sie nachher bekämpfen können.

Daher skizziere ich zunächst in sehr vereinfachter Form die wesentlichen Aspekte von Psychotherapie und Seelsorge.

Wie Psychotherapie heilt

Psychotherapie hat ein humanes Ziel: Sie übernimmt die Aufgabe, seelisch leidende Menschen aus ihren Fixierungen, ihren Lebenseinschränkungen und ihrer Krankheit herauszuführen. Dieser Prozeß geschieht mittels Kommunikation. Schon Karl Jaspers bezeichnet die Psychotherapie als den Versuch, »dem Kranken durch seelische Kommunikation zu helfen, sein Inneres bis in die letzten Tiefen zu erforschen, um Ansätze zu einer Führung auf den Weg der Heilung zu finden«.[12] Psychotherapie – ich meine immer die psychoanalytische Psychotherapie – will dem Leidenden helfen, seinem Leid auf den Grund zu gehen und es tiefer zu verstehen. Wo ein solches Verstehen ermöglicht wird, ist bereits ein erster Schritt zur Heilung getan. Verstehen ist gelungene Kommunikation. Dabei kann der Klient erkennen, welcher Sinn sich hinter scheinbar unsinnigen Symptomen verbirgt. Psychotherapie ist also immer eine Aktivität des Klienten, niemals ein passives Geschehenlassen, wie etwa bei einem chirurgischen Eingriff. Psychotherapie findet deshalb nicht an Patienten statt, sondern mit ihnen. In der Psychotherapie werden keine Patienten behandelt, sondern es wird mit Menschen, die leiden, gesprochen. Das Bewußtwerden der eigenen inneren Wirklichkeit, des wahren Selbst, ist oft mit einem tiefen Erschrecken verbunden. Ein Mensch erfährt, wieviel Lebendiges verdrängt und abgespalten werden mußte, und erlebt, daß seine vergessenen Wünsche weiterhin wirksam sind. Dieses Verdrängte hat ihm die Freiheit für eine erfüllende Lebensführung genommen. Im Falle einer gelingenden Psychotherapie wird es ihm möglich aufzuhören, sich von Illusionen über die Wirklichkeit hinwegtäuschen zu lassen. Dabei werden oft Gedanken und Gefühle ins Bewußtsein gehoben, die mit Scham und Schuldgefühlen verbunden sind und frühzeitig exkommuniziert wurden. Psychotherapie arbeitet deshalb gerade mit dem Widerstand, der sich der Preisgabe solcher Gedanken und Gefühle entgegenstellt. Wenn es gelingt, diesen Widerstand vorsichtig zu bearbeiten oder gar aufzuheben, können die erlittenen Verletzungen der Vergangenheit, die gerade wegen ihres Schmerzes verdrängt wurden, in einem intensiven Prozeß neu erlebt und bearbeitet werden. Psychotherapie ist immer ein Reifungs- und Nachreifungsprozeß. Reifung heißt oft ein Abschiednehmen von zwei kindlichen Wünschen: vom Wunsch, im Paradies vollkommener Geborgenheit, wie wir es am Anfang des Daseins erlebten, bleiben zu wollen, und vom Wunsch, uns von den ersten Liebesobjekten – Vater und Mutter – nicht trennen zu wollen. Die Fixierungen auf diese Wünsche bilden den Kern der psychischen Fehlentwicklung und blockieren in vielfacher Form die Persönlichkeitsentwicklung. Infolge solcher Blockierungen erlebten solche Menschen, daß sich ihnen die Welt entgegengestellt hat mit vielen Forderungen und Erwartungen, denen sie sich nicht gewachsen fühlten. Andere Menschen haben ihnen übel mitgespielt, ihnen die Erfüllung ihrer Bedürfnisse und Wünsche zum rechten Zeitpunkt verweigert, sie verletzt, gedemütigt und gequält. Damals waren sie als Kinder nicht stark genug, sich in angemessener Weise zur Wehr zu setzen und zu kämpfen. Heilende Nachreifung bedeutet für den Klienten deshalb zunächst ein Zurück zur Wahrheit, um so aus der Illusion der Scheinlösungen herauszutreten und den Schritt in die Welt des Möglichen neu zu versuchen. Insofern ist Psychotherapie immer ein Verfahren, welches sich um der Zukunft willen mit der Vergangenheit beschäftigt. Therapeut und Klient ähneln daher einem Archäologen oder einem Detektiv, die aus vorgegebenem Material, das zunächst unverständlich ist, die Wahrheit zu rekonstruieren versuchen. In dem Sinne steht Psychotherapie unter dem Wort aus dem Johannesevangelium: »Die Wahrheit allein macht Euch frei.« (Joh 7,28)

Wie Seelsorge heilt

Alles, was von der Psychotherapie gesagt ist, kann auch für die Seelsorge gelten. Diese ist ja zunächst ein allgemein menschliches Phänomen.[13]Erst später wurde Seelsorge zu einem Universalbegriff kirchlichen Handelns, welches sich als Fortsetzung des Heilshandelns Christi versteht. Damit bezieht sich Seelsorge auf etwas Drittes: auf einen Gott, der in seiner Offenbarung für die Menschen Heil und Heilung schafft. Dieser Bezug auf einen Dritten jenseits der seelsorglichen Beziehung hat nun dazu geführt, die menschlich-kommunikativen Bezüge des Heils, wie sie für Jesus konstitutiv waren, aus dem Auge zu verlieren. Seelsorge, die sich an ihm orientiert, verzichtet jedoch darauf, menschliche Heilung und göttliches Heil gegeneinander auszuspielen. Das Eigentliche der Seelsorge, ihr Gottbezug, kommt nicht jenseits des menschlichen Kontaktes vor, sondern ist die ihm innewohnende Tiefendimension. Seelsorge bringt Gott ins Spiel, und zwar nicht, indem sie das Wort Gott ständig im Mund führt, sondern indem sie die Wirklichkeit Gottes in sprachlicher und symbolischer Kommunikation zur Anschauung bringt. Dem christlichen Seelsorger steht dabei das gesamte Symbolsystem christlichen Glaubens zur Verfügung, auf das die Psychotherapie weitgehend verzichten muß. Gerade in den Symbolhandlungen, wie dem Sakramentenvollzug, ist dem Seelsorger eine Möglichkeit gegeben, in Bereiche vorzustoßen und ihnen Ausdruck zu verleihen, die der Sprache und dem Bewußtsein nicht immer zugänglich sind. Gerade im Hinblick auf die obengenannten zentralen Grundkonflikte des Lebens, dem Verlust vollkommener Geborgenheit und dem Wunsch, nicht der ausgeschlossene Dritte zu sein – analytisch gesprochen, die narzißtischen Fixierungen und der ödipale Konflikt –, hat der Glaube zwei zentrale Symbole: das der Vertreibung aus dem Paradies, neutestamentlich verbunden mit der Verheißung des künftigen Reiches Gottes, und das der Dreifaltigkeit.

So findet nach christlichem Verständnis der Mensch in der Seelsorge dadurch Heil und Heilung, daß er sich nicht nur mit dem Seelsorger identifizieren soll, sondern umgekehrt die Identifizierung mit ihm ersetzt wird durch eine neue Identifizierung mit Christus. Wenn der Mensch sich dieses Symbol aneignet, also Christus anzieht und ihm gleichförmig wird, dann findet Erlösung statt, und der Mensch wird heil. Wie ist das zu verstehen? Heil findet der Mensch darin, daß er die Rivalität mit Gott und damit seinen Gotteskomplex aufgibt. Genau diese Aufgabe des Gotteskomplexes hat Christus vollzogen, indem er darauf verzichtete, »Gott gleich zu sein« (Phil 2,6). Indem sich der Mensch mit Christus identifiziert, übernimmt er seine Rolle als Nicht-Gott und gibt diesen kindlich-ödipalen Wunsch auf, sich nämlich an die Stelle Gottes zu setzen und so sein Ich zu sichern. Indem der Mensch christusförmig wird, wird er befreit, Mensch zu sein, und die Position Des-nicht-Gott-sein-Könnens auszuhalten. Somit steht Seelsorge dem Menschen bei, von seinen kindlichen Wünschen Abschied zu nehmen und sich als begrenztes Wesen zu ertragen. Seelsorge wirkt Heil, indem sie dem Menschen eine Chance bietet, seine maßlosen und unbegrenzten Wünsche zu gestalten. Deshalb darf christliche Seelsorge die oft chaotischen und amoralischen Wünsche des Menschen nicht verteufeln, was zu ihrer Verdrängung oder Abspaltung führt, sondern sie im Gegenteil wachhalten und sie akzeptieren im Wissen um deren Aufgefangensein in Gott. Diese Gottbezogenheit bewahrt vor Übertragung der maßlosen Wünsche des Menschen auf andere, wodurch diese hoffnungslos überfordert werden. Dieser Gottbezug freilich geschieht in den seltesten Fällen unmittelbar, sondern bedarf der symbolischen Vermittlung, wie er sich etwa in Liturgie und Ritual vollzieht.

Was beide voneinander lernen können

Seelsorge und Psychotherapie verfolgen auf zwei verschiedenen Wegen dasselbe Ziel: Mensch sein zu können. Um dieses Zieles willen können beide viel voneinander lernen. Die Defizite beider Formen benennne ich abschließend in einer These:

Seelsorge verfügt über die für ganzheitliches Heil-Sein notwendigen Symbole gelungenen Lebens, es mangelt ihr jedoch an der richtigen Praxis.
Psychotherapie verfügt über die richtige Praxis, es mangelt ihr jedoch an den notwendigen Symbolen richtigen Lebens.

Seelsorge schöpft aus einem tiefen Brunnen: Sie hat heilende Bilder, Geschichten, Symbole und Rituale, die der Mensch braucht, um ganz sein zu können. Ihr fehlt aber oft die Basis, der Boden, auf dem die Symbole ihre heilende Wirkung entfalten können. Seelsorge hat reiche Schätze in ihren Kellern, weiß aber häufig nicht, wie sie damit umzugehen hat. Ein tiefes Unwissen und gar Mißtrauen vieler Kirchenamtlicher im Hinblick auf Symbole und deren heilende Wirkung kennzeichnet die Seelsorge. Da weiß die Psychotherapie Bescheid: Sie kann uns sagen, unter welchen Bedingungen ein Mensch neu anfangen kann; was er braucht, um fähig zu werden, Gott auf die Spur zu kommen: einen Raum der Erlaubnis, in dem alles Lebensrecht hat. Einen Raum, der jenseits aller Moral nichts exkommuniziert, auch wenn es sozial anstößig ist. Nur in einem solchen Raum kann die Seele heil werden, und nur eine heile Seele kann sich selbst überschreiten und sich auf den Weg machen zum Absoluten.
Die Psychotherapie ihrerseits schaut oft gebannt auf das, was sich zwischen Therapeut und Patient ereignet. Sie hat die Kommunikation zwischen beiden genau erforscht, dabei aber vergessen, daß zum Ganzsein eine Dimension gehört, die beide, Therapeut und Patient, übersteigt. Psychotherapie könnte von der Seelsorge lernen, daß sie manchmal mit dem leidenden Menschen in die gleiche Richtung schauen muß, statt sich

nur gegenseitig anzuschauen. Durch den Blick auf das Dritte, symbolisch vermittelt, läßt sich eine neue, heilende Dimension entdecken.

Seelsorge und Psychotherapie als zwei unterschiedliche Wege zum Menschen können dann voneinander lernen, wenn man sie als eigenständige Handlungsfelder akzeptiert und nicht zu schnell verwischt. Die Gefahr ist dabei, daß Seelsorge zum Psychokult wird und Psychotherapie religiös aufgeladen wird. Wenn beide sich als zwei unterschiedliche Wege zum Menschen akzeptieren, kann die Seelsorge von der Psychotherapie lernen, daß man das Psychische nicht überspringen darf, wenn es um das religiöse Heil geht. Besonders die Tiefenpsychologie hat uns Einsichten eröffnet, die die Seelsorge sich anzueignen hat, ohne daß sie deswegen aufhören müßte, Seelsorge zu sein. Beide Zugangswege zum Menschen stehen nach christlichem Verständnis doch unter der Ansage des Reiches Gottes als eines Reiches der Gerechtigkeit und des Friedens, eine Verheißung, welche sowohl Seelsorge als auch Psychotherapie relativiert, und dadurch Seelsorger und Therapeuten in ihrem Tun entlastet.

Aus all dem ergibt sich für den christlichen Glauben die Notwendigkeit, das Psychische nicht zu überspringen, sondern seine Spuren zu entdecken im ureigensten Medium der Religion: dem Bild. Vor allem Wort war in der Tat das Bild: Die ersten religiösen Symbolisierungen der Menschheit finden sich in den alten Höhlenmalereien. Als Sprache der Psyche und der Religion vermögen sie ursprüngliche Wahrheiten zur Anschauung zu bringen und Gespaltenes zusammenzufügen. Darum geht es im nächsten Kapitel.

Kapitel 3: Der Verlust der Bilder im Christentum

»Am Anfang war das Bild« – diesen programmatischen Titel gab der analytische Psychotherapeut James Hillman seinem 1979 in den USA erschienenen Buch als bewußte Gegenthese zum ersten, ebenso programmatischen Satz des Johannes-Evangeliums: »Im Anfang war das Wort« (Joh 1,1). Zahlreich sind seither die Stimmen auch im theologischen Lager, die den Verlust des Bildes, des Symbols und des Mythos im Christentum beklagen. Auch wenn man exegetisch einräumen muß, daß der Begriff »Logos« mit »Wort« nur sehr unzureichend übersetzt ist und er im Zusammenhang von Joh 1,1 Aspekte spekulativer Weisheit und Anschaubarkeit (Christus ist der anschauliche, Leib und Bild gewordene Logos) enthält, so ist doch nicht zu leugnen, daß sich das Christentum sehr schnell zu einer Lehre entwickelt hat, die den Logos auf das Diskursiv-Rationale verkürzt hat. Vielfältige Einflüsse, u. a. die griechische Philosophie, haben dazu geführt, daß die Bilder im Christentum als der Religion des Abendlandes immer mehr in Mißkredit gerieten.[1] Die Deutung des Todes Christi als Sieg über die Unterwelt führte auch zum Verlust jener schöpferischen Mächte, die – psychologisch – in der Unterwelt ihren Platz haben: Bilder und Imaginationen, Phantasien und Wünsche wurden geopfert zugunsten einer bildlosen Vergeistigung in den oberen, himmlischen Sphären. So war der Weg nicht weit zum Primat des Wortes, und die Bilder hatten bestenfalls die Funktion der Illustration dessen, was schon eine Sprache besaß. Diese Herabstufung des Bildhaften, die dann in der Reformation und besonders in der Aufklärung ihren Höhepunkt fand, ist sicher ein Grund dafür, daß der Glaube immer mehr zu einer Sache des Verstandes wurde, und er zunehmend weniger verankert blieb in den Tiefenschichten der menschlichen Seele, da wo das Bild seinen Ort hat. Für diese Oberflächisierung des Glaubens kann man eine Geisteshaltung verantwortlich machen, die »die Worte für wichtiger nimmt als die Bilder, die Handlungen für wichtiger als die Gefühle, die literarische Form der Überlieferung für wichtiger als die Erlebnisse und Erfahrungen, aus denen die einzelnen Formen erwachsen«[2].

Die strikte Trennung von Wort und Bild, Rationalität und Sinnlichkeit hat in unseren Tagen dazu geführt, daß viele Theologen und Theologinnen – oft inspiriert durch die analytische Psychologie C. G. Jungs – das Bild als die eigentliche Sprache der Religion wiederentdeckt haben. Am deutlichsten ausgearbeitet findet sich eine am Bild orientierte Auslegung der Glaubensdokumente ohne Zweifel bei Eugen Drewermann, der konsequent fordert: Beim Bild ist zu beginnen und nicht beim Wort! Wenn das Bild die eigentliche Anschauungsform der Religion ist, dann dürfte es um die Religion in unseren Zeiten nicht schlecht bestellt sein, denn Bilder stehen – außerhalb der Kirche – derzeit hoch im Kurs. Die Sehnsucht des postmodernen Menschen nach dem Bild ist unübersehbar, ebenso ein gewisser Überdruß am Wort allein. Wenn auch der Glaube nach biblischem Zeugnis vom Hören kommt, so ist doch das Auge das bevorzugte Organ, über welches Botschaften und Sinnbilder aufgenommen werden. Die Geschichte der christlichen Kunst gibt Zeugnis davon, in welcher Weise jenseits aller dogmatischen Formulierungen die Glaubensbotschaft weitergegeben wurde. Diese sinn-bildliche Glaubensvermittlung und die neue Hinwendung zum Bild ist jedoch nicht unproblematisch, wenn man an die Wurzeln jüdischchristlicher Religion zurückgeht. Wenn man einen jüdischen Menschen nach der Mitte seines Glaubens fragen würde, bekäme man wohl einen Satz zitiert, der mit einem Appell ans Ohr beginnt: »Höre, Israel, der Herr unser Gott ist der Einzige« (Dtn 6,4).

Bild 1

in gewisser Weise asozial.[8] Sie sind Ausdruck einer kreativen Weigerung, sich an das Vorhandene einfach anzupassen. Sie retten das Subjekt vor der Vereinnahmung der Gesellschaft (Bild 3 und 4).Deshalb war der Beruf des Traumdeuters auch immer ein gesellschaftskritischer und gefährlicher Beruf, denn im Traumbild drückt sich die ganze Kraft unzensierter Sinnlichkeit aus.

Machen wir uns noch einmal die beiden Ausdrucksmöglichkeiten der Psyche bewußt: Einerseits sind es die sinnlich-symbolischen Formen und andererseits die sprach-symbolischen Formen – oder einfach gesagt: Bild und Sprache –, die beide aufeinander bezogen sind. Spaltet sich das Bild von der Sprache ab, droht die psychotische Regression, die Überschwemmung der Person von chaotischen Bildern, die das Ich schwächen und lahmlegen können. Hat die Sprache keinen Kontakt mehr zum Bild, verkommt sie zum abgehobenen, identitätslosen und leeren Sprechen, welches nicht mehr greift und keine Emotionen hervorruft.

Schauen wir uns das Verhältnis von Sprache und bildhafter Sinnlichkeit noch genauer an. In der Sprache drückt sich weitgehend das aus, was dem Bewußtsein zugänglich, was sozial anerkannt, was moralisch kompatibel ist und zusammenpaßt mit den allgemeinen gesellschaftlichen Verkehrsformen. Im Spracherwerb vermag das Kind seine unbewußten Wünsche zu übersteigen und in eine akzeptierte Form zu bringen. Im Traum dagegen meldet sich eine unzensierte Sprache der Subjektivität und der Kreativität zu Wort. Traumbilder sind daher Anwalt der subjektiven Wünsche des Menschen, die nicht zum Schweigen zu bringen sind, trotz gesellschaftlicher Zensur. In ihnen manifestieren sich auch die noch nicht gelebten Aspekte der eigenen Individualität (Bild 3). Bilder, Träume und Visionen sind deshalb notwendig, weil sie Garant für Entwicklung sind. Sie widersetzen sich dem gesellschaftlichen Realitätsprinzip und sind in gewisser Weise u-topisch, ortlos. In ihnen zeigt sich ein Hoffnungspotential, welches sich als Kraft noch nicht gelebten und noch ausstehenden Lebens zu Wort mel-

Noch einmal: Das »goldene Kalb« oder vom Auge zum Ohr

Der Schritt vom Auge zum Ohr, als dem zentralen Organ der Gottesoffenbarung, war offenbar ein wichtiger Schritt in der Bewußtseinsentwicklung des Menschengeschlechtes, ein Schritt der Aufklärung und Emanzipation von den dunklen, verschlingenden Mächten des Unbewußten. Die Weigerung Israels, sich von bildhaften Mythen trösten zu lassen, markiert somit einen qualitativen Entwicklungssprung in der Entwicklungsgeschichte menschlichen Bewußtseins. Israel sucht die befreiende, rettende Tat Jahwes in der Geschichte und entkommt damit der mythischen Zeitlosigkeit und dem Kreislauf des Immerwiederkehrenden. Aber der Preis dieser Emanzipation ist groß: Mit der Abspaltung der sinnlichen Seite aus dem Gottesbild – wie wir gesehen haben, symbolisiert in der Zerstörung des »goldenen Kalbes« – wurde Gott abstrakt, aber der Hunger nach einem Bild von ihm hörte nicht auf. Möglicherweise ist diese Abstraktheit Gottes, dessen Wahrnehmung sich in der Christentumsgeschichte immer mehr vom Auge zum Ohr verlagerte, der Grund dafür, daß der postmoderne Mensch in seinem Hunger nach sinnlicher Erfahrung unkritisch alles aufsaugt, was sich ihm im Medium des Bildes anbietet. Weil sich mit seiner neuen Sehnsucht nach dem Bild sein Suchen nach Tiefe, Ganzheit, Sinnlichkeit und Sinn verbindet, kann er sich dem Bild gegenüber kaum noch kritisch verhalten.[3] Wie in allen Zeiten der Bilderfreundlichkeit, bedarf die Hinwendung zum Bild jedoch einer gründlichen Reflexion; denn eines ist klar: Das Bild ist zutiefst ambivalent, es kann befreien und einfangen, emanzipieren und fesseln, die Individuation fördern und behindern.

Von den Gefahren der dunkel lockenden Welt des Bildes und der Angst vor einem Rückfall in mythische Zeitlosigkeit legen die Bilderstreite in der Geschichte der jüdisch-christlichen Religion beredtes Zeugnis ab. Ein Blick auf das zweite ökumenische Konzil von Nizäa im Jahr 787 zeigt, daß die Auseinandersetzung um das Bild immer auch ein Streit um die Definition des Menschen im Wechselspiel mit der kulturellen Umwelt war, denn das Argument des damaligen Bildertheologen Johannes Damascenus, welches sich das Konzil von Nizäa zu eigen machte, war ein anthropologisches: Da der Mensch aus Leib und Seele bestehe, sei es ihm nicht vergönnt, außerhalb des Körperlichen zum Geistigen vorzudringen.[4] Der Bilderstreit wurde also entschieden zugunsten der Bilderverehrung. Die Christen der Frühzeit hatten das Bilderverbot des Alten Testaments (Exodus 20,4: »Du sollst Dir kein Gottesbild machen…«) übernommen. Nach der Konstantinischen Wende entstand aber das Bedürfnis, Christus in Bildern zu verehren. Dieser Wunsch nach sinnlicher Anschauung ging vom Volk aus und wurde von den Mönchen unterstützt. Die Bischöfe und Theologen lehnten es weitgehend ab, wegen des verführerischen Reizes, den Bilder auf das Auge ausüben. Nach der Ablehnung der Bilderverehrung durch das Konzil von Konstantinopel 754 hatte dann das Konzil von Nizäa 33 Jahre später die Sinnlichkeit gerettet und die Bilderverehrung amtlich ins Recht gesetzt.

Der Streit um das Bild hat seine Ursache u. a. in einer tiefen Ambivalenz, die den Bildern innewohnt und die man nur verstehen kann, wenn man ihren Wurzeln in der Seele des Menschen nachspürt. Die Bilder der äußeren Welt, die wir über das Auge in uns aufnehmen, sind nach psychoanalytischem Verständnis nach außen projizierte Vorstellungsinhalte, die von innen kommen und ihren Ursprung in unserer psychischen Erfahrung haben. Ihnen soll die Aufmerksamkeit jetzt gelten.

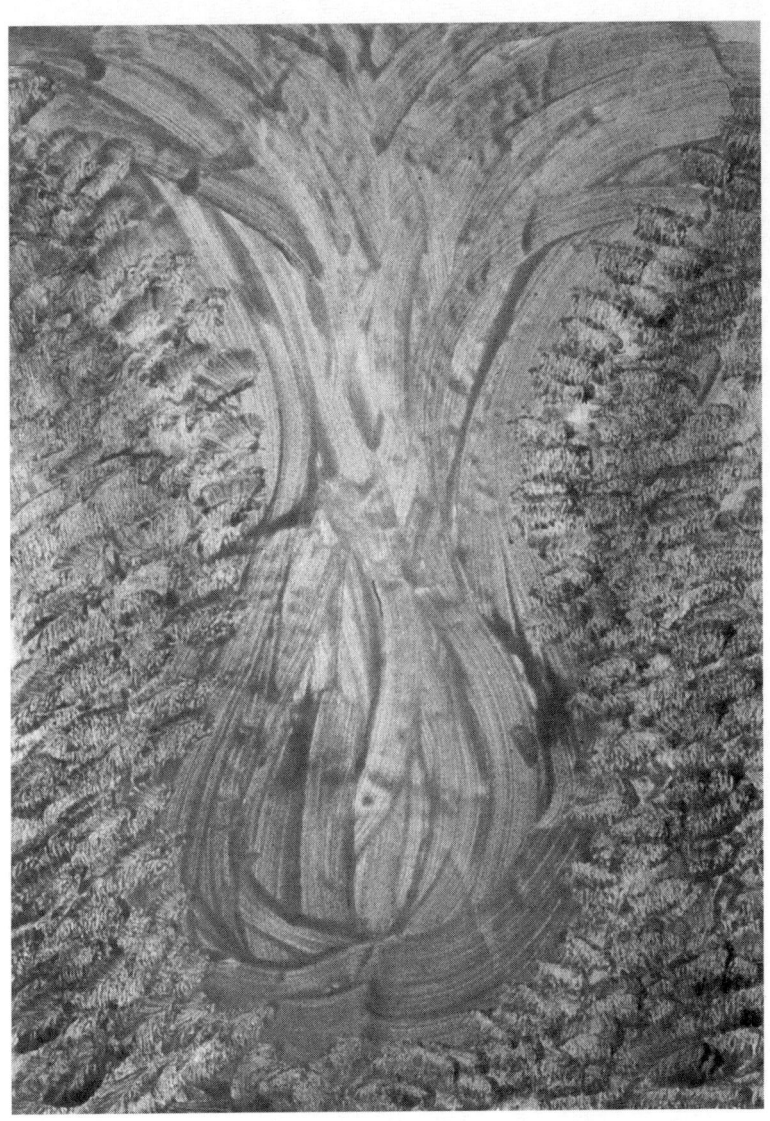

Bild 2

det. Diese sozial widerständige Kraft der Bilder, die den einzelnen nicht nur zur Anpassung an vorgegebene Lebensmuster zwingt und daher seine Identität im letzten begründet, ist jener gefährliche Teil der Bilder, der in den verschiedenen Bilderstreiten der Geschichte zu eliminieren versucht wurde. Man denke nur an das Stigma »Entartete Kunst«, mit der das Naziregime diese widerständigen Aspekte im wahrsten Sinne des Wortes exkommunizierte. Seelenbilder und deren kulturelle Ausprägung sind in diesem Sinne also niemals individuell oder gesellschaftlich unschuldig. Ihnen wohnt eine politische Kraft inne, weil sie Lebenshoffnungen transportieren, die mit der Sprache der herrschenden Plausibilitäten und den gängigen Lebensentwürfen nicht vereinbar sind. Deshalb kann es im Buch der Sprüche heißen: »Ein Volk ohne Vision geht zugrunde« (Spr 29,18).

Jesus selbst benutzte mit Vorliebe das Bild der universalen Tischgemeinschaft, um seine Hoffnung eines neuen Himmels und einer neuen Erde auszudrücken. Eine Vision, die ihn das Leben kostete. Die widerständige Kraft des Bildhaft-Sinnlichen hat auch Alfred Lorenzer der katholischen Liturgie in ihrer vorkonziliaren Prägung bescheinigt. Das Fatale der Liturgiereform besteht für ihn darin, daß die in der Tiefenschicht der Psyche angesiedelten Ausdrucksformen stillgelegt werden und der einzelne durch den Zugriff einer belehrenden Sprache angepaßt und gefügig gemacht wird an gängige Lebensformen (vgl. dazu Kapitel 5).

Fassen wir zusammen: Seelenbilder sind nicht nur Notlösungen, Kompensationsversuche der Psyche im Hinblick auf verdrängte Wünsche, sondern auch Ausdruck der noch ausstehenden Möglichkeiten der Persönlichkeitsentwicklung. Sie sind Anwalt einer unzensierten Subjektivität und Vitalität, sie ermöglichen Kommunikation auf einer unbewußten Ebene und transportieren Hoffnungsentwürfe auf ein besseres, noch ausstehendes Leben.

Bild 3

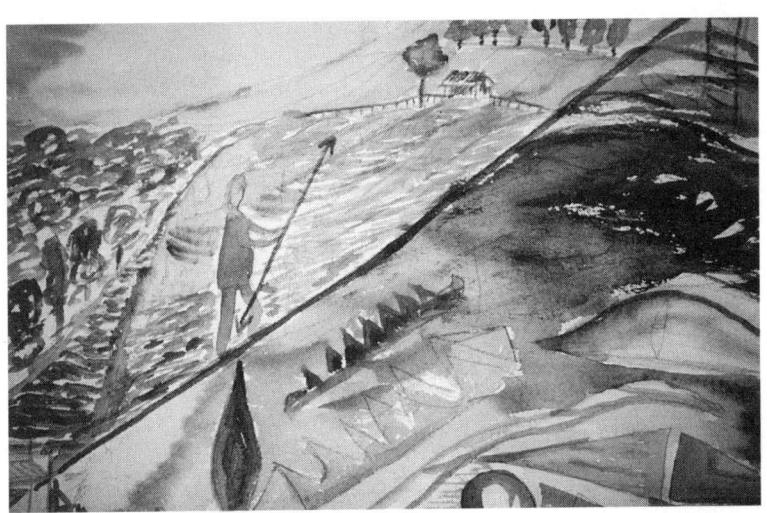

Bild 4

... und ihre Schattenseite

Seelenbilder, wie sie sich in unseren Träumen und Phantasien, aber auch in den kulturellen Objektivationen einer Gesellschaft niederschlagen, sind nicht nur produktiv. Weil sie in den tiefsten Schichten der Seele verankert sind, können sie Entwicklung fördern und regressiv verhindern. Seelenbilder nähren sich von den frühesten Phantasien, deren archaische Matrix die oben erwähnte Mutterleibsphantasie ist (vgl. Bild 1 und 2). Darunter verstehen wir den frühesten Wunsch des Kindes, alle störenden Faktoren auszulöschen, um wieder in die Einheitswirklichkeit des Mutterleibes zurückzukehren. Die Chiffre »Mutterleib« ist hier nicht nur biologisch zu verstehen, sondern bezeichnet auch psychologisch die frühe Symbiose zwischen Mutter und Kind, in der es noch kein differenziertes Ich gibt. Als psychisches Bild ist sie eine vom Lustprinzip gesteuerte Phantasie unseres Seelenlebens. Und dieses Lustprinzip ist aus sich heraus konservativ und regressiv, es hat die Tendenz, sich jeder Entwicklung entgegenzustellen und sucht einen Zustand von Harmonie und Glückseligkeit aufrechtzuerhalten.

Da nun die Seelenbilder, vor allem die Träume, vom Lustprinzip gesteuert sind und auf eine phantasierte Wunscherfüllung abzielen, können sie das Ich und seine Entwicklung schwächen, wenn ein Mensch der oft faszinierenden Verlockung der Bilder erliegt. Es ist der Zustand der psychotischen Auflösung des Ich, wie sie in Bild 5 und 6 zur Anschauung kommt. Die Malerin dieses Bildes befand sich tatsächlich in einem präpsychotischen Zustand, in dem die Grenzen des Ich sich aufzulösen drohten. In dieser Phase wurde sie von massiven Ängsten überschwemmt, und nur durch strukturierende Gespräche konnte die Gefahr einer weiteren Ich-Auflösung verhindert werden. Das folgende Bild (7) zeigt, wie sich das Ich wieder verfestigt hat in der Weise, daß klarere Strukturen die chaotischen und beängstigenden Inhalte des Unbewußten eindämmen.

Bild 5

Bild 6

Dieser Sog in die Strukturlosigkeit, der sich als eine destruktive Kraft der Psyche zeigt, ist jene Tendenz, die in der Geschichte der Bewußtseinsentwicklung der Menschheit durch Wort und Gesetz, durch Ordnung und Struktur zu bannen versucht wurde. So läßt sich die Gesetzgebung am Berg Sinai im Volk Israel bei der Wüstenwanderung als Versuch verstehen, der Tendenz zurück zu den Fleischtöpfen Ägyptens, das Leben in einer klaren Struktur entgegenzusetzen und so das Volk vor einem Rückfall in alte Zeiten – psychologisch: der psychotischen Regression – zu bewahren.

Machen wir uns noch einmal bewußt: Seelenbilder stehen zwischen der Realität der äußeren Wirklichkeit und der inneren Welt der Psyche (vgl. die Skizze im nächsten Kapitel). Dabei hat die äußere Realität immer eine bildhaft-symbolische Komponente, und die Bild-Symbole der inneren Welt der Psyche haben immer einen realen geschichtlichen Kern. Im Zwischenraum zwischen äußerer und innerer Wirklichkeit entfalten sie ihre produktive Kraft. Wenn sie jedoch aus diesem Zwischenraum herausgelöst werden, werden sie entweder zu materialistischen Gebilden ohne tieferen Bedeutungsgehalt oder zu reinen Projektionen der Psyche. Ihre wechselseitige Bindung aufzulösen bedeutet, die Ambivalenz von Seelenbildern rückgängig zu machen und möglicherweise ihrem regressiven Sog zu erliegen.

Zum hilfreichen Umgang mit Bildern

Für einen förderlichen Umgang mit Bildern kann man von der psychoanalytischen Therapie einiges lernen. Hier werden die Bilder der Seele eingebettet in einen kommunikativen Zusammenhang zwischen Analytiker und Analysand. Im Beziehungsgeschehen, das sich hier entfaltet, werden viele unbewußte Er-

Bild 7

fahrungen der Vergangenheit mit relevanten Personen aktiviert. In diesem Übertragungsgeschehen wird das inszeniert, was sich oft in Bildern und Träumen in der Sprache des Symbols ausdrückt. In der Therapie werden Bilder der Seele also in einen Kommunikationszusammenhang hineingestellt. Die verbale Verständigung über die Bildproduktionen geschieht zwischen Analytiker und Analysand unter Einbeziehung dessen, was sich an konkreten Beziehungserlebnissen herstellt. Auf diese Weise wird Unbewußtes bewußtgemacht, die regressiven Tendenzen der Psyche werden dem steuernden Ich zugänglich.

Diese Einsicht ist nun wichtig für eine Kultur des therapeutischen und seelsorglichen Umgangs mit den Bildern, die aus der Seele aufsteigen. In eine These gekleidet, heißt diese Einsicht folgendermaßen:

Seelenbilder können nur dann ihre entwicklungsfördernde und kreative Kraft entfalten, wenn die Kommunikation über sie in einen zwischenmenschlichen Beziehungsrahmen eingebettet ist.

So könnte es etwa in einer Bilderpädagogik oder Bilderpastoral darum gehen, die Bilder nicht einfach archetypisch aufzulösen, sondern sie kommunikativ zu verflüssigen (vgl. dazu auch Kapitel 9). Es ginge dabei vor allem um eine Auseinandersetzung mit den nicht normgerechten und deshalb mit der Sprache der herrschenden Plausibilitäten nicht zu vereinbarenden Lebensentwürfen, wie sie sich im Bild Ausdruck verschaffen. Diese Entwürfe und Phantasien richtigen, besseren Lebens haben dann eine reale Chance, wenn sie wieder in einen Kommunikationszusammenhang eingebettet sind. Dazu bedarf es lebendiger Gruppen, die ein Gegenbild liefern zur Einwegkommunikation, wie sie etwa in der Fernsehsituation anzutreffen ist, und in der Bilder aus dem lebendigen Zusammenhang zwischenmenschlichen Kontakts ausgeklammert werden.

Für den kirchlichen Bereich könnte das bedeuten: Die in Symbolen, Riten und Bildern aufgehobenen Lebensentwürfe, die in einer sinnlich-körpernahen Schicht der Persönlichkeit verankert sind, haben eine dem Traum analoge Funktion: Sie transportieren jene Modelle gewünschten, richtigen und wahren Lebens, die, wären sie nur an Sprache und Bewußtsein gebunden, bald umgedeutet, möglicherweise angepaßt und entschärft worden wären. Gerade die religiösen Bilder beinhalten – wie im Traum – Szenen, die mit dem Zeitgeist, dem gängigen Bewußtsein nicht ohne weiteres zusammenpassen und deshalb »gefährliche Erinnerungen« sind.[9] Es käme dann darauf an, die im Bild entworfene Szene wieder mit der kommunikativen Erfahrung in Gruppen in Kontakt zu bringen, um so die Spannung zwischen dort und damals und zwischen hier und heute kommunikativ fruchtbar zu machen, anstatt sie in deduktiver Weise von »oben« zu erkären.[10]

Die alte Sakramentenheologie hat dieses Prinzip eingefaßt in ihrem Leitsatz: »Accedat verbum ad elementum et fit sacramentum« (Augustinus). Zum Element, zum Naturhaft-Sinnlichen muß also das deutende Wort treten, damit ein Sakrament entsteht. Und ein solches Sakrament transportiert ähnlich wie ein Seelenbild immer den Entwurf eines besseren Lebens, welches sich kontrapunktisch zur jeweiligen Realität verhält.

Die neue Sehnsucht nach Bildern wäre also daran zu überprüfen, ob sie an einen interaktionellen Gruppenzusammenhang gebunden ist oder ob sie völlig individualisiert ist und damit den regressiven Tendenzen, zurück in eine allzu harmonische, glückselige Welt, Vorschub leistet. Es geht also darum, die Realität der Bilder und den Bildercharakter der Realität in ein korrelatives Wechselverhältnis treten zu lassen.

Bei allen Bemühungen, Nicht-Sprachfähiges, Bildhaftes sagbar zu machen, geht es aber auch darum, die Grenze des Sagbaren zu akzeptieren. Nicht jedes Seelenbild kann übersetzt werden, so wie sich nicht jeder Traum deuten läßt. Die »ersten und letzten Dinge« bleiben unsagbar. Gerade gegen eine archetypische Vereinnahmung des individuellen Seelenbildes ist vom Ansatz einer interaktions- und beziehungsorientierten Psychoanalyse und Pastoralpsychologie[11] diese Grenze des

Sagbaren und Bewußtseinsfähigen zu verteidigen. Erst an den Grenzen des Kommunikationsprozesses kann das Geheimnis als solches wahrgenommen und akzeptiert werden. Und das Geheimnis soll bestehen bleiben, anstatt es in Numinoses aufzulösen. Auch deshalb darf der Streit um das Bild nicht aufhören! In einem solchen Bilderstreit, wie er in Kapitel 9 geführt wird, gehe ich davon aus, daß im Bild auf einer vorbewußtsinnlichen Ebene Lebensentwürfe zur Anschauung gebracht werden, die in den Kategorien des Bewußtseins allein nicht mitteilbar sind. Deshalb ist es für die Zukunft des Christentums von entscheidender Bedeutung, ob es diese Tiefendimension ihrer Botschaft wieder zurückgewinnt und dem Bildverlust entgegenarbeitet. Das bedeutet freilich nicht, in eine naive Bilderseligkeit zu verfallen, die nur zu neuer Unmündigkeit führen würde. Vielmehr geht es darum, Bild und Sprache, Bewußtsein und Sinnlichkeit nicht aufzuspalten und gegeneinander auszuspielen, sondern deren Polarität und Bezogenheit gerecht zu werden.

Teil II
Die Folgen der Spaltung

Die Folgen der Aufspaltung von Heil und Heilung, Gott und Welt, Psyche und Religion, Glaube und Sinnlichkeit, Bild und Wort, wie sie im ersten Teil beschrieben wurden, haben sich tief eingenistet in das Bewußtsein und die Persönlichkeitsstrukturen des modernen Menschen. In vielen Lebensbereichen sind sie so selbstverständlich geworden, daß sie keinen unmittelbaren Leidensdruck mehr erzeugen. In gewisser Weise sind sie ein Teil des modernen Charakters geworden. Daß beispielsweise der Glaube etwas Religiöses ist, was in den Zuständigkeitsbereich der Kirche gehört, ist für viele Christen selbstverständlich. Sie haben sich daran gewöhnt, daß Sonntag und Alltag, Gott und Welt zwei paar Schuhe geworden sind. Ungleich gefährlicher wirkt sich die Spaltung in einen jenseitigen Gott und eine dieseitige Welt dagegen im Bereich der Zerstörung der natürlichen Lebensgrundlagen aus. Eine Welt, aus der Gott verbannt wurde in den Himmel, die also entzaubert und entgöttlicht ist, konnte leicht zum Ort der Ausbeutung und Zerstörung werden.

An drei exemplarischen Bereichen und gesellschaftlichen Phänomenen soll jetzt deutlich gemacht werden, wie Menschen auf diese Spaltungen reagieren: der Fundamentalismus als Symptom der Selbst-Spaltung, die ent-sinnlichte Gottesdienstgestaltung als Folge der Trennung von Wort und Bild und das weite Feld der Sexualität als Ort der Aufspaltung der Liebe.

Kapitel 4: Das halbierte Selbst: Persönlichkeitsstruktur und Fundamentalismus

Die Ablehnung des Projekts der Moderne

Der Fundamentalismus ist schon lange keine gesellschaftliche Randerscheinung mehr, die etwa nur bei einigen Sekten oder am Rande der Großkirchen auftaucht. Er ist zu einem Sammelbegriff geworden für die Kräfte und Gruppierungen, deren gemeinsamer Nenner die Ablehnung des Projektes der Moderne zu sein scheint. Ursprünglich war mit Fundamentalismus eine amerikanische Variante der Theologie des 19. und 20. Jahrhunderts gemeint, die sich als Gegenreaktion gegen den Siegeszug der Natur- und Geschichtswissenschaft etablierte und sich in verschiedenen Bibelkonferenzen in den USA institutionalisierte. Er erhob den Anspruch, die Fundamente des christlichen Glaubens zu retten und sie jedem hermeneutischen Interpretationsversuch zu entziehen.
Inzwischen hat sich der Begriff ausgedehnt, und er beschreibt Khomeinis Revolutionswächter im Iran ebenso wie biblizistische oder pietistische Protestanten, aber auch die Anhänger Lefévres im Katholizismus oder bestimmte linksorthodoxe grüne Gruppierungen. Wenn ich im folgenden von psychoanalytischer Seite Aspekte des Fundamentalismus untersuche, dann werde ich dieses Phänomen weniger in seiner historischen Entwicklung betrachten, deren Wesenszüge dem kurzfristigen historischen Wandel weitgehend entzogen sind. Ich gehe also davon aus, daß sich in der fundamentalistischen Gesinnung bestimmte Strukturprobleme der Psyche wiederspiegeln, die ihrerseits Reaktionen auf bestimmte Verunsicherungsprozesse der Moderne sind. Bei dieser psychoanalyti-

schen Sichtweise werde ich zwar vom Individuum ausgehen, aber den dialektischen Zusammenhang von Individuum und Gesellschaft und dessen Niederschlag in der psychischen Struktur des einzelnen nicht unberücksichtigt lassen.

Ich werde zunächst eine erste Arbeitsdefinition dessen geben, was ich strukturell unter Fundamentalismus verstehe: Fundamentalismus ist die Einstellung auf eine bestimmte Grundidee oder einen Grundwert, der perfektionistisch gehütet werden muß. Er speist sich durch die Angst, die sich aus emotionaler und kognitiver Verunsicherung ergibt, welche wiederum mit den jeweiligen geschichtlichen Prozessen zusammenhängt. Fundamentalismus ist der Versuch, eine komplexe und vielfältige Wirklichkeit zu reduzieren und sie in eindeutigen Quellen und Grundlagen zu verankern. Fundamentalistische Positionen widersetzen sich den kommunikativen Aushandlungsprozessen und sind nicht interpretationsoffen. Nahe verwandt mit dieser Gesinnung ist der Dogmatismus und der Fanatismus.[1]

Fundamentalismus als Symptom

In psychoanalytischer Perspektive werde ich den Fundamentalismus nach Art eines Symptoms betrachten. In ihm zeigen sich symptomatisch die gesellschaftlichen Defizite einer Zeit, die in fundamentalistischen Denk- und Verhaltensmustern reagiert. Man kann nun ein Symptom von außen, objektiv, betrachten: Dann erscheint es regelmäßig als etwas Störendes. Diese Sicht wäre jedoch selbst ein Abwehrmanöver, weil in ihr eine Immunisierungstendenz am Werk ist, die den dynamischen Zusammenhang, in dem das Symptom eine Funktion übernimmt, ausblendet. Wenn wir also heute über den Fundamentalismus sprechen, dann müssen wir davon ausgehen, daß er ein zunächst bedeutungsvolles Symptom unserer Gesellschaft ist und daß wir selbst an der Entstehung dieses Symptoms beteiligt sind. Wir können also nicht nur von außen sprechen, sondern sprechen gleichzeitig über uns, wenn wir die dynamischen Grundlagen der Fundamentalismusentstehung nachzeichnen wollen. Anders gesagt: Die fundamentalistischen Bewegungen sind nur die Spitze eines Eisberges, und sie drücken sichtbar aus, was vermutlich viele Zeitgenossen tendenziell empfinden.

Persönlichkeitstypologische Annäherung

Ich bin mir durchaus der Problematik bewußt, Persönlichkeitstypologie mit bestimmten politischen und gesellschaftlichen Vorgängen in Verbindung zu bringen. Aber im Interesse eines tieferen, psychodynamischen Verständnisses unseres Phänomens halte ich dieses Vorgehen für möglich.

Es fällt auf, daß die auf Eindeutigkeit und Sicherheit abzielende Grundgesinnung des Fundamentalismus stark in Zusamenhang zu bringen ist mit schizoid und zwanghaft strukturierten Persönlichkeiten.[2]

Die schizoide Struktur

Der schizoide Mensch hat in seiner frühen Lebensgeschichte schlechte Erfahrungen gemacht mit seiner Umwelt: Von dieser wurde er bitter enttäuscht, weil sie auf seine Bedürfnisse nach Zuwendung und Kontakt nicht hinreichend gut eingegangen ist. Deshalb zieht er sich zurück, baut eine Mauer um sich auf, scheint nach außen unabhängig, selbständig und cool zu sein, gibt sich affektlos, unbestechlich, kritisch und ironisch. Er hat einen scharfen Blick für die Schwächen anderer, bleibt aber distanziert. Weil er sich nicht in einen lebendigen Austausch mit seiner Umwelt begeben kann, braucht er Posititionen, die ihm Sicherheit geben, einen Fundus, der ihn schützt vor den Gefährlichkeiten einer offenen Welt. Der schizoide Charakter sucht solche sicheren Fundamente, die er mit großem Beharrungsvermögen verteidigt. Der Schizoide ist in gewisser Weise blind für die eigenen Möglichkeiten, er ist unfähig zur Selbstkritik und unterliegt deshalb groben Fehleinschätzungen oder Überschätzungen der eigenen Möglichkeiten und Positionen. Viele Schizoide haben gewisse paranoide Tendenzen, d.h. sie neigen dazu, bestimmte, oft aggressiv besetzte Teile der eigenen Persönlichkeit auf die Umwelt oder auf andere Menschen zu projizieren. Diese Sündenbockprojektion ist die Voraussetzung, um die Welt zu bekämpfen, um sich selbst vor Enttäuschung zu schützen. Schizoide Persönlichkeiten der Geschichte, wie Calvin oder Savonarola, machen deutlich, daß sich eine gewisse schizoide Trias – Idealismus, Fanatismus, Despotismus – zusammenfügt zu einer Persönlichkeitsstruktur, die eine hohe Affinität zur fundamentalistischen Gesinnung aufweist. Eine Gesellschaft, die im Zuge ihrer Individualisierung auf Abgrenzung und Autonomie pocht, braucht schizoide Charaktere, die die eigene sichere Insel höher bewerten als den lebendigen Kontakt mit anderen Menschen, der ja immer auch Enttäuschung und drohenden Liebesverlust einschließt.

Die zwanghafte Struktur

Der zwanghafte Charakter hat vor allem Angst vor Autonomie. Er ist korrekt, zuverlässig, beständig, sauber, moralisch, objektiv, ordnungsliebend, er scheut sich, Entscheidungen zu treffen. Konsequenz ist ein zentraler Wesenszug. Der Zwanghafte hat einen Schutz aufgebaut gegen innere Wünsche und Triebimpulse, die ihm äußerst gefährlich erscheinen. Er hat Angst, sich dem Leben auszusetzen, er selbst zu werden und ein autonomer Mensch zu sein, der die Welt »aus eigenem Recht« gestaltet. Aus Angst vor Selbständigkeit zieht er sich zurück in ein festes, stabiles System von Überzeugungen, Werten und Einstellungen. Diese müssen abgeschottet werden gegen jede Infragestellung von außen.

Es fällt nicht schwer zu erkennen, daß unsere eher kapitalistisch geprägte Gesellschaft solche zwanghaften und schizoiden Persönlichkeitsentwicklungen begünstigt, weil sie in ihr funktional sind. Eine Gesellschaft, in der Leistung, Fleiß und Erfolg hohe Werte sind, bedarf zwanghafter Persönlichkeitsstrukturen, die in einer Südseeinsel vollkommen dysfunktional wären. Mit diesen Bemerkungen möchte ich nur einen kurzen Hinweis darauf geben, wie das Wechselspiel zwischen individueller Charakterstruktur und gesellschaftlichen Erfordernissen aussieht und daß Charakterstrukturen keineswegs unabhängig von soziologischen Faktoren entstehen. Die Psyche ist so gesehen immer etwas Historisches.[3]

Psychodynamik des fundamentalistischen Persönlichkeitstyps

Mit der Beschreibung von Charakterstrukturen bleiben wir immer noch an der Oberfläche: Wir beschreiben vom Phänomen her, wir bleiben beim Symptom. Ein psychoanalytischer Zugang versucht jedoch, die dahinterliegende Psychodynamik freizulegen und zu verstehen. Ich möchte deshalb mit Hilfe einiger Aspekte der neueren psychoanalytischen Entwicklungspsychologie[4] zeigen, wie der Fundamentalismus strukturell auf ein Grundbedürfnis der Psyche reagiert.

Die Entstehung eines bipolaren Selbst

Psychologisch gesehen ist der Mensch eine Frühgeburt. Wenn er bei seiner biologischen Geburt den schützenden Uterus verläßt, ist er keineswegs von Natur aus befähigt, in der Welt zu überleben. Er bedarf eines sozialen Raumes, der ihm jetzt die Sicherheit gibt, die er im intrauterinen Zustand einmal besaß. Es ist die psychische Symbiose mit mütterlichen Menschen, die vor schlimmen Traumatisierungen bewahrt. Hier findet das Menschenkind Sicherheit und Harmonie und kann sich den Zustand paradiesischer Geborgenheit für eine Zeitlang bewahren. Um jedoch psychisch geboren und im psychologischen Sinne ein Subjekt, also ein Mensch mit eigenen Ich-Grenzen, mit eigenen Wünschen und Bedürfnissen zu werden, ist die allmähliche Trennung aus der mütterlichen Zwei-Einheit notwendig. Dieser Trennungsvorgang ist hochkomplex und dramatisch, aber er ist auch der kreativste Schritt zur eigenen Individualität. Es ist hier nicht der Platz, um den basalen persönlichkeitsbildenden Effekt dieses Differenzierungsprozesses[5] zu beschreiben, wichtig ist hier nur festzuhalten, daß durch die Auflösung der Symbiose mit der Mutter und das einsetzende lustvolle Erleben des eigenen Ichs in seiner erwachenden Selbständigkeit die Sehnsucht nach vollkommener Sicherheit und Geborgenheit nicht aufgehoben ist. Im Gegenteil: Die Polarität zwischen Sicherheits- und Autonomiewünschen wird zum wichtigen Motor der weiteren psychischen Entwicklung, ja die Spannung zwischen den beiden Polen macht den dynamischen Kern unserer Persönlichkeit aus. Wir können also von einem bipolaren Selbst sprechen, und für beide Pole lassen sich verschiedene Begriffe und Chiffren einsetzen, wie folgendes Schema verdeutlicht:

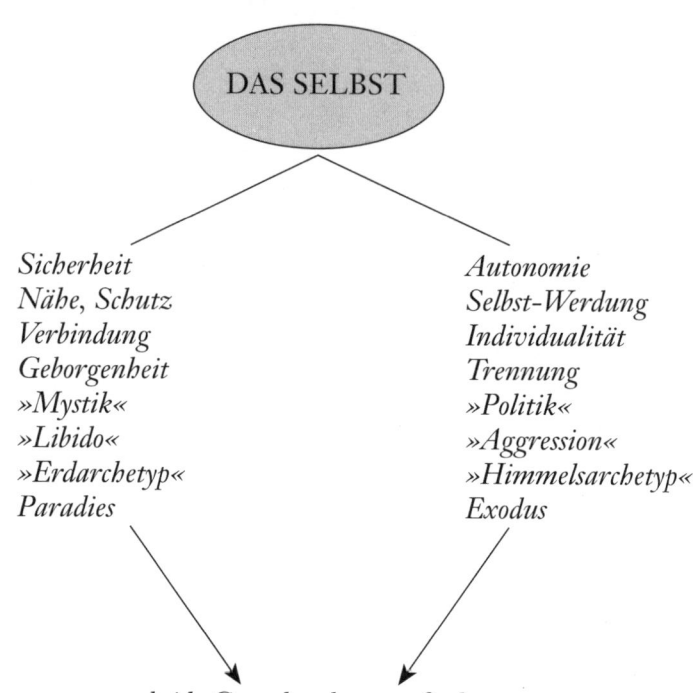

DAS SELBST

Sicherheit
Nähe, Schutz
Verbindung
Geborgenheit
»Mystik«
»Libido«
»Erdarchetyp«
Paradies

Autonomie
Selbst-Werdung
Individualität
Trennung
»Politik«
»Aggression«
»Himmelsarchetyp«
Exodus

*beide Grundstrebungen finden
ihren (»unbewußten«) schöpferischen Ausdruck in Symbolen*

Die Spaltung der Polarität

Findet nun in der psychischen Entwicklung eine Fixierung auf einen Pol statt und wird demzufolge die dynamische Balance zwischen beiden aufgelöst, treten Störungen im Selbst auf. Besonders in Zeiten sogenannter affektiver und kognitiver Verunsicherung, eingebunden in große kulturelle Umbrüche, wird die Aktivierung archaischer Sicherungsformen begünstigt – zuungunsten eines gleichgewichtigen Ausbalancierens beider Pole. So lassen sich etwa die Hinwendung zum Mythos, das Suchen nach eindeutigen Weltbildern, aber auch die Nachfrage nach Esoterik, Spiritismus und Okkultismus ebenso wie ein empfindlicher Rechtsruck in der Parteienlandschaft als Symptome eines unbefriedigten Sicherheitsbedürfnisses werten. Im Kern zielen fundamentalistische Botschaften ab auf die Ansage einer letzten großen Harmonie, in der Kultur und Natur, Subjekt und Objekt, Mensch und Schöpfung in einer alles umfassenden Einheit verbunden sind. Nicht mehr das Vertrauen in die Möglichkeiten der eigenen Entwicklung, sondern der Glaube an das Eingebundensein in einen zusammenhängenden, fraglos gegebenen Kosmos helfen dem fundamentalistisch gesinnten Menschen offenbar, den Hoffnungsverlust einer durch Umweltkatastrophen verdüsterten Zukunft auszugleichen. In der Tat: Wir scheinen in einer Kultur zu leben, in der Sicherheitsbedürfnisse permanent enttäuscht und deshalb auf eine symptomatische Weise befriedigt werden müssen. Insofern leben wir in einer den Fundamentalismus begünstigenden Kultur, oder anders gesagt: Trotz des Zuwachses an Individualität und Autonomie befinden wir uns in einer mater-ialistischen Zivilisation mit paternalistischer Oberflächenstruktur.

Trotz des immensen Individualisierungsschubs der Moderne, hat der einzelne bei weitem nicht jene Autonomie erreicht, die unsere Zivilisation braucht und nach außen vorgibt. So bilden sich zunehmend mehr Subsysteme, die das unstillbare Verlangen nach Sicherheit zu befriedigen suchen. Große Teile der kulturellen Angebote, aber auch alle Arten gesellschaftlicher Institutionen bieten sich als Projektionsflächen an, auf die dieses unstillbare mütterliche Verlangen nach Sicherheit übertragen werden kann.

Im Fundamentalismus wird also nur die Spitze eines Eisberges »Sicherheitssehnsucht« sichtbar. Die Polarität wird aufgelöst durch Abspaltung des Gegenpols »Freiheit«. Insofern ist der Fundamentalismus – theologisch gesprochen – in seinem Kern sündhaft: Sünde kommt vom Wort sondern, absondern, trennen, spalten. In der fundamentalistischen Gesinnung wird gespalten, was in der Wirklichkeit zusammengehört. Dieses Regressionsphänomen Spaltung wird in der Sprache des biblischen Mythos als Erbsünde bezeichnet: Es ist die Weigerung des Menschen, die rauhe Realität in ihrer spannungsvollen Polarität anzuerkennen. Die Suche nach Beziehungen, ja jeder Versuch, sich in der Welt einzurichten und sie zu gestalten, also die kulturellen Produktionen des Menschen, sind Ausdruck dieses fundamentalen Sicherheitsstrebens.[6]Viele heutige Krankheitsbilder, die uns in der Psychotherapie begegnen, weisen in der Regel einen Mangel an emotionaler Sicherheit in den ersten Lebensjahren auf, was wiederum zu den sogenannten narzißtischen und Borderline-Störungen führt. Eltern, die ihrerseits emotional verunsichert sind, neigen dazu, diese Verunsicherung an ihre Kinder weiterzugeben, in dem sie diese als narzißtische Stabilisatoren für ihr eigenes labiles Selbst benutzen und damit überfordern. Im Fundamentalismus findet dieser Delegationsvorgang nun eine weitere Variante: Der Pol Sicherheit wird gleichsam institutionalisiert. Die Welt wird auf Eindeutigkeit reduziert, und es entsteht die Illusion eines doch nicht verlorenen Paradieses. Anders gesagt: Im Fundamentalismus wird Entwicklung verweigert und die Prozeßhaftigkeit menschlichen Daseins und menschlicher Geistestätigkeit aufgelöst in einen starren Zustand. Das alles hat den Sinn der Stabilisierung eines Verunsicherten selbst.

Die fundamentalistische Versuchung, Gott nur mater-iell zu sehen

Unabhängig von seinem theologischen Wahrheitsgehalt, läßt sich psychologisch das Wortsymbol »Gott« als Chiffre für das eigene Selbst verstehen. Darin, wie ein Mensch Gott erlebt, spiegelt sich immer auch ein Teil seines Selbsterlebens. Ich möchte hier ganz bewußt das Wort Gott einführen, und zwar zunächst in einem durchaus psychologischen Sinne. Psychologisch gesehen, ist ja das Gottessymbol letztlich eine Chiffre für das eigene Selbst, so wie ein Mensch Gott erlebt, so erlebt er sich selbst. Deshalb eignet sich die religionspsychologische Rekonstruktion der Entstehung des Gottesglaubens in der psychischen Entwicklung besonders, um einen weiteren Aspekt fundamentalistischer Regression deutlich zu machen.[7]

Die Frage lautet: Wie bewerkstelligt das Kind die notwendige Loslösung aus dem mütterlichen Ur-Wir, wie übersteht es die Vertreibung aus dem Paradies? Wie geht es mit der narzißtischen Krise um, die mit der Erfahrung des Getrenntseins vom lustvollen Zustand der Zweieinheit mit der Mutter gegeben ist? Der erste Versuch des Kindes, den Verlust der völligen Einheit zu bewältigen, besteht in der Idealisierung der Mutter. Ihr wird jetzt die Fähigkeit zur Erfüllung aller Sehnsüchte nach Geborgenheit angesonnen. Die so idealisierte Mutter wird zum Inbegriff allen Glücks, welches in der phantasierten Rückkehr in die Sicherheit einer verschmelzenden Beziehung besteht.

Religionspsychologisch haben wir es hier mit der frühesten Stufe religiöser Entwicklung zu tun. Es handelt sich um eine Form von Religion, in der es nur Muttergottheiten gibt, und die eine ganz archaische Form der Abhängigkeit darstellen. Es ist der Zustand des völligen Enthaltenseins des Ichs im Unbewußten. Diese frühen Wurzeln lassen im Gläubigen den Wunsch entstehen, daß eine gute mütterliche Kraft da sein wird, die nicht aufhört, seine Welt zu schützen und zu lenken und die ihm das Gefühl vermittelt, mit den Quellen des Lebens verbunden zu bleiben. Alle bedrohlichen Ängste des Getrenntseins sollen sich als Illusion erweisen. Solche Wünsche konnten nur mütterliche Gottheiten erfüllen, die sich jedoch als äußerst ambivalent erwiesen: Sie vermögen zwar die ersehnte Sicherheit zu spenden, jedoch um einen hohen Preis. Wie die Uroborosschlange, die sich selbst in den Schwanz beißt, können sie das Leben, das sie hervorgebracht haben, auch wieder verschlingen.

Der zweite Versuch des Kindes ist die Idealisierung des eigenen Selbst, es ist die Entwicklungsstufe der Konstellation des Größenselbst: Das Kind schreibt sich jetzt selbst all die Allmacht zu, die es bei der Mutter nicht mehr finden kann. Aber auch dieser zweite Versuch zur Bewältigung der narzißtischen

Krise der Loslösung bleibt nicht lange aufrechterhalten. Bei normal verlaufender Entwicklung wird unter dem Einfluß des Realitätsprinzips die Illusion der eigenen Allmacht aufgegeben. Es geschieht dadurch, daß das Kind nach einem dritten Objekt Ausschau hält, nach einem Alternativobjekt, welches aus der Abhängigkeit von der Mutter befreien kann. Als erstes Verneinungssymbol sagt in der Regel der Vater durch seine bloße Anwesenheit »nein« zu einer ausschließlichen Verbundenheit von Mutter und Kind. Religionspsychologisch ist diese Stufe des »dritten Objekts« der Ursprung der Vatergottheit, der die Rückkehr ins Archaisch-Mütterliche verweigert und aus den Verschlingungen der »Großen Mutter« herausführt in Bewußtheit, Freiheit und Selbststand.

Die fundamentalistische Versuchung besteht nun genau darin, wieder auf diese erste Stufe zurückzufallen. Dadurch wird die Welt eindeutig mütterlich. Insofern ist der Fundamentalismus ein mater-ialistisches Phänomen. Nur an der Außenseite gibt er sich männlich-autoritär. Von innen her sucht er Sicherheit in einer haltenden mütterlichen Welt. Für das Gottessymbol bedeutet das, daß der väterliche und auf Autonomie abzielende Teil wiederum abgespalten wird. Nicht mehr der Exodus in die Freiheit des gelobten Landes, sondern die Rückkehr zu den Fleischtöpfen Ägyptens ist das zentrale Motiv in religiösen fundamentalistischen Gruppierungen. Nicht mehr die Geschichte mit ihren Entwicklungsforderungen ist der Ort der Inkarnation Gottes – wie in der jüdisch-christlichen Gottesoffenbarung –, sondern das ewig Gleiche und zeitlos Wahre jenseits von Geschichte und Gesellschaft.

Das symbolische Denken als Überwindung fundamentalistischer Gesinnung

Im symbolischen Denken findet sich die zur fundamentalistischen Haltung alternative Form der Weltbegegnung. Sie besteht verkürzt gesagt darin, daß der Mensch fähig ist, sich von der mater-iellen Grundlage seines Lebens, die ihm Sicherheit spendet, abzuwenden und in die Existenz eines Freiheit gewährenden Zwischenraumes einzutreten. Dieser Zwischenraum ist für die symbolische Welterfahrung von höchster Bedeutung. Er entsteht in der psychischen Entwicklung des Kindes beim Übergang von der Symbiose mit der Mutter in die Getrenntheit eigenen Lebens. Er bildet sich gleichsam zwischen der psychischen Innenwelt und der materialen Außenwelt, was durch folgendes Schema deutlich wird:[8]

Die Entstehung des symbolischen Wirklichkeitsbereichs

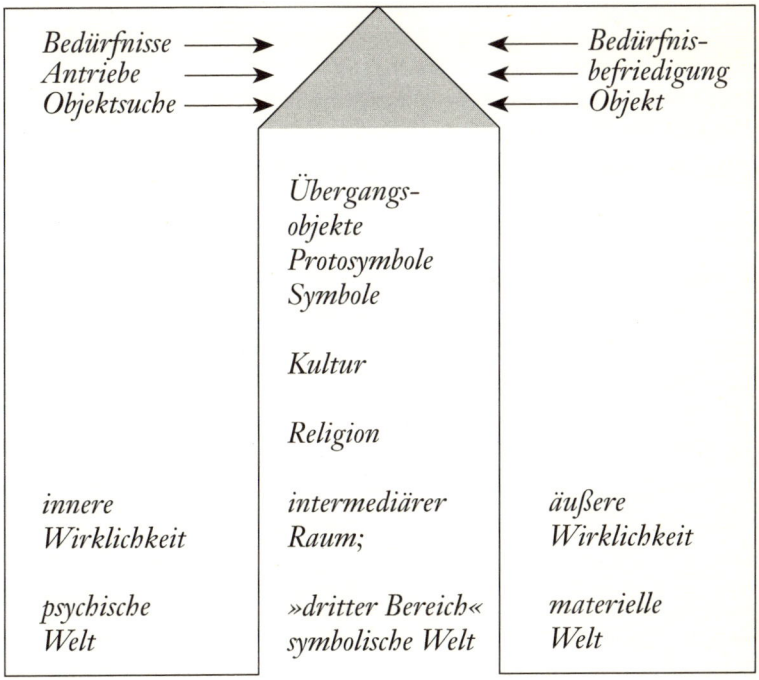

93

Der Mensch, der im »dritten Bereich«, im »intermediären Zwischenraum« lebt, ist weder seinen psychischen Wünschen völlig ausgeliefer noch völlig angepaßt an seine Umwelt. Ersteres bezeichnet den psychotischen Identitätsverlust, letzteres die neurotische Verdrängung innerer Impulse. Im dritten Bereich der symbolischen Wirklichkeit ist beides vermittelt. Hier erlebt der Mensch die Spannung zwischen seinen emotionalen Bedürfnissen und den Anforderungen der Realität. In den kulturellen und religiösen Symbolen ist diese Spannung aufgehoben, ohne daß ein Pol aufgelöst wird. Symbole verbinden also mit den mütterlich-schützenden Quellen des Lebens, und sie distanzieren zugleich von ihnen.[9] Sie gewähren Freiheit, indem sie sich einer völligen Anpassung an die Welt widersetzen und zugleich vor einer identitätsvernichtenden Verschmelzung mit sicherheitsgewährenden Instanzen bewahren. Besonders religiöse Symbole transportieren einen Sinn, der die Wirklichkeit transzendiert. Als solche werden sie in der jüdisch-christlichen Tradition zum Träger der sich in der Geschichte ereignenden Offenbarung.

Im Symbol bleibt die Welt interpretationsoffen, es entzieht sie eindeutiger Festlegung – der fundamentalistischen Versuchung schlechthin. So werden im jüdisch-christlichen Symbolsystem Lebensentwürfe transportiert, in denen Neues antizipiert und das Gegenwärtige auf das erhoffte Bessere (Reich Gottes) hin transzendiert wird. Der Fundamentalismus läßt sich also in symboltheoretischer Perspektive verstehen als ein Versuch, die psychologische Innenwelt ebenso zu leugnen wie den symbolischen Zwischenbereich und nur die materielle Wirklichkeit als wirklich anzuerkennen. Im symbolischen Denken kann diese Verkürzung überwunden werden, denn symbolisches Welterleben ist eine ganzheitliche Erkenntnisform. Im Symbol können Gegensätze, die dem diskursiven Denken als unvereinbar erscheinen, in sich bedingende Polaritäten verwandelt werden. Gerade in den ausdrucksstarken Symbolen der Kultur und Religion ist immer die Ambivalenz enthalten. Wenn also ein Mensch im Symbol z. B. Liebe und

Haß vereint sieht, wie etwa im Bild des Gekreuzigten, dann kann er diese beiden starken Triebkräfte auch in sich nebeneinander existieren lassen und muß sie nicht aufspalten. Das ist auch der Fall etwa in zahlreichen Märchen, in denen Gut und Böse, zwar auf verschiedene Personen verteilt, aber in einer Geschichte vereint, vorkommen und miteinander in Kontakt stehen.

Symbole haben auch die Funktion, Konflikte ins Bewußtsein zu heben und sie verständlich und bearbeitbar zu machen. Gerade das Unbewußtwerden von inneren Konflikten ist ja das Krankmachende und Neurotisierende, weil die inneren Wünsche und Impulse, die den Konflikt erzeugen, nicht mehr kommunizierbar sind und deshalb ein unkontrollierbares Eigenleben führen. Damit zusammen hängt eine weitere wichtige Funktion der Symbole: Sie ermöglichen Teilhabe an überindividuellen, kollektiven Sinnsystemen und integrieren somit den einzelnen in die Sozietät. Damit stehen sie der Tendenz der Isolierung des Individuums und seines Abgeschnittenseins von sozialen Bezügen entgegen. Besonders für das religiöse Erleben, welches sich nicht fundamentalistisch abschottet, ist die Fähigkeit zum symbolischen Denken von großer Bedeutung. Denn die Symbole sind die eigentliche Sprache der Religion, sie sind verbildlichte, verleiblichte, versinnlichte Erfahrungen der Menschen mit einer Wirklichkeit, die die Welt des Faktisch-Materiellen übersteigt. Im Symbol findet diese andere Welt ihre Sprache und teilt sich ihrerseits dem Menschen mit, auch wenn dieser sie selbst hervorgebracht hat. Insofern überschreiten die Symbole das Vorhandene auf etwas ganz anderes hin und bewahren den Menschen vor einer sklavischen Abhängigkeit von den sogenannten Sachzwängen des Alltags.

Anthropologisch ist das symbolische Denken in den unterschiedlichen Funktionsweisen der beiden Gehirnhälften begründet. Die linke, dominante Gehirnhälfte arbeitet wie ein Computer: zerlegend, analytisch, zeitorientiert, logisch. Die rechte Gehirnhälfte ist dagegen dem Bildhaften zugeordnet.

Sie arbeitet synthetisch, räumlich-visuell, intuitiv, zeitunabhängig. Die rechte Gehirnhälfte ist während der REM-Phasen im Schlaf tätig: Während der Körper schläft, ist die rechte Gehirnhälfte aktiv (paradoxer Schlaf) und produziert die Träume. Diese REM-Phasen nehmen mit zunehmendem Lebensalter ab, beim Siebzigjährigen betragen sie nur noch etwa 10 %. Wenn man nun das biogenetische Grundgesetz der Parallelität von Ontogenese und Phylogenese (in der Entwicklung des einzelnen wiederholen sich die Entwicklungsstufen des Menschengeschlechts) zugrunde legt, kann man annehmen, daß in den frühen Entwicklungsstufen der Menschheit der REM-Schlaf dominierte, was wiederum für die Annahme spricht, daß der rechten Gehirnhälfte eine große Bedeutung zukam. Das symbolische Denken, das Leben in der Welt der Bilder und Mythen, ist also menschheitsgeschichtlich gesehen die ursprünglichere Form des Denkens und der Weltbegegnung.[10]

Zum symbolischen, ganzheitlichen Denken hinzuführen, ist eine besondere Aufgabe der gesellschaftlichen Einrichtungen, die vor allem Symbolträger sind – in erster Linie die Kirchen. Sie könnten, würden sie diese Aufgabe jenseits dogmatischer Streitigkeiten wieder mehr einnehmen, eine wichtige Rolle spielen in der Überwindung fundamentalistischer Gesinnungen mit ihren gefährlichen Symptomen (vgl. auch das Kapitel »Ausblick: Glaube und Tiefenpsychologie – Heilen durch Symbole«).

Kapitel 5: Die entsinnlichte Liturgie

Die zuletzt skizzierte Aufgabe der Kirchen, zu symbolisch-ganzheitlichem Denken und Erleben hinzuführen, könnte sie in einer kaum zu überbietenden Weise wahrnehmen: durch ihren öffentlichen Gottesdienst. Denn hier lädt sie zu einer Form der Daseinsbewältigung ein, die sich dem zweckrationalen Alltagsdenken entzieht und zu einer übergeordneten, ganzheitlich-religiösen Sicht des Lebens hinführen will. Die Liturgie mit ihren Ritualen, Gesten, Bildern und Symbolen ist ja die Form der christlichen Gemeinde, das gespaltene Leben dadurch zu heilen, daß sie in ihrer Feier die erhoffte Ganzheit vorwegnimmt und für einen Moment anschaubar werden läßt für die an ihr Beteiligten. Weil die Wirklichkeit unseres landläufigen Gottesdienstes jedoch eine andere ist, muß nach den Ursachen mangelnder Ganzheitlichkeit unserer Liturgie gefragt werden, um dann Bedingungen zu nennen, wie die Liturgie zum »Versöhnungsfall« unseres Themas werden kann.

Was macht es heute schwer, symbol- und liturgiefähig zu sein?

Das Bedürfnis nach ritueller Sinnerfahrung

Ich gehe von einer doppelten Beobachtung aus: Einerseits läßt sich feststellen, daß der Hunger nach spiritueller, symbolischer und ritueller Erfahrung größer wird, andererseits nimmt die Nachfrage nach kirchlicher Liturgie, außer bei den sogenannten Lebenswenden, weiterhin ab. Der einzelne hat es also schwer, sein Bedürfnis nach religiös-ritueller Sinnerfahrung zu befriedigen. In der kirchlichen Liturgie fühlt er sich weitgehend unverstanden, möglicherweise vereinnahmt und reglementiert, zumindest aber in seinen Autonomie- und Freiheitswünschen nicht akzeptiert. Die Gesellschaft ihrerseits überlagert durch ihre Erfordernisse zweckrationaler Lebensführung den zweckfreien Bereich des Umgangs mit Symbolen und Ritualen.

In unseren hochkomplexen Industriegesellschaften bedeutet Erwachsensein Eintritt in eine Welt der Planbarkeit und des Kalküls, Trennung von der geheimnisvollen Kinderwelt des Spiels, Abgeschnittensein von der unmittelbar sinnlichen Erfahrung der Natur und den Verlust einer persönlichen Kosmologie.

Die Notwendigkeit zweckrationaler Lebensführung sorgt also für einen weitgehenden Ausfall des Symbolischen und Rituellen. Religiös-rituell vermittelter Sinn, der für die einzelne Persönlichkeit integrativ wirkt, erweist sich als dysfunktional für die Lebensführung in den Bereichen Konsum und Produktion. Dieser Verlust des Symbolischen und Rituellen ist jedoch folgenreich für die Gesellschaft als Ganze und für die seelische Gesundheit des einzelnen.

An dieser Stelle bedarf es eines Hinweises zum Begriff Symbol. Das Symbol ist die Sprache der Religion und der Liturgie im besonderen. Mit Symbol bezeichne ich im folgenden all jene Selbst-Äußerungen des Menschen, die der diskursiven Sprache vorgelagert sind. Dazu gehören gegenständliche Bedeutungsträger, textuelle Bedeutungsträger, personale Bedeutungsträger (Gestik, Ritual).[1] Zu Symbolen werden diese sinnlichen Bedeutungsträger dadurch, daß sie kollektiv erfahrbare und in der Geschichte wurzelnde Bedeutungen transportieren. Theologisch sprechen wir in einem solchen Fall von Sakrament im Sinne des Hl. Augustinus: »Accedat verbum ad elementum et fit sacramentum«. Symbole sind also – wie im letzten Kapitel dargelegt – im Zwischenbereich angesiedelt, sie pendeln gleichsam zwischen dem Geistig-Seelischen und dem Materiell-Elementaren. Sie dürfen weder materialistisch aufgelöst noch psychologisch verdünnt werden. Sie stehen zwischen der seelischen Innenwelt und der »objektiven« Außenwelt.

Die Liturgie ist also der dichteste Fall eines Symbolgeschehens, weil alle drei Dimensionen zusammentreffen und sie solche Symbole zur Anschauung bringt, die kollektiv-geschichtlichen Ursprung haben und in der Sinnlichkeit als tiefster Seelenschicht des Menschen verankert sind.

Symbolverlust führt zu Symptomen

Weil die Fähigkeit, mit Symbolen zu leben, etwas mit unserem seelischen Gleichgewicht zu tun hat, insbesondere mit Bereitschaft, Ambivalenz zu tolerieren, führt der Symbolverlust zu vielfältigen Symptombildungen:[2]

– Immer mehr Menschen leiden an innerer Leere und Sinnlosigkeitsgefühlen. Sie vermögen ihr Leben nicht mehr von einer zentralen Mitte her zu gestalten. Ihr Leben spaltet sich auf in unzusammenhängende Lebensbereiche, die voneinander getrennt, abgespalten und atomisiert sind. Die Atombombe ist immer noch das gefährlichste Symptom dieser Spaltung in der Seele des Menschen.

– Angstzustände ohne erkennbaren Grund und viele Formen psychosomatischer Krankheit sind die Ersatzlösungen, die an die Stelle der alten religiösen Symbole tritt. Wer sich in seinen inneren Konflikten nicht mehr sinnvoll nach außen darstellen kann, greift u. a. zu der frühesten Form der Konfliktbewältigung: Er benutzt den Körper und seine Symptomatik als Ausdrucksmittel unbewußter Konflikte. Wer kein Symbol hat, produziert Symptome.

– Wenn es keine motivrelevanten Symbole gibt, gerät der einzelne immer mehr in die Isolation: Individualismus und ein unzureichendes Selbstgefühl sind die Folgen. Nicht mehr das wahre Selbst des Individuums kommt zur Anschauung, sondern ein Scheinselbst, ein verfügbarer und verführbarer Als-ob-Charakter.

– Aber auch für die Gesellschaft ist der Wegfall von religiösen Symbolen nicht folgenlos: An die Stelle von religiösem Sinn, der das Vorhandene übersteigt, tritt die Anpassung des einzelnen an die Erfordernisse von Produktion und Konsum. Nicht mehr die sinnlichen Bilder und Symbole der Liturgie, sondern die visuellen und akustischen Reize der Werbung, die über die Medien transportiert werden, nisten sich ein in die Tiefenschichten der Seele. Alfred Lorenzer hat in seinem Buch »Das Konzil der Buchhalter« auf die subjektzerstörerische Wirkung des Ausfalls von sinnlicher Liturgie hingewiesen.

Die heilende Wirkung symbolischer und ritueller Erfahrung in der Liturgie

Dem Seelenverlust des modernen Menschen durch Trennung von seiner inneren Erfahrung könnte die Liturgie der Kirche entgegenwirken, denn sie sucht keine zielgerichtete Anpassung des einzelnen an erwünschtes Verhalten wie die Werbung, sondern will den Menschen in seiner tiefsten Seelenschicht erreichen und zu sich selbst führen. Liturgie ist also deshalb subjektkonstituierend, weil sie zweckfrei ist. Sie vertraut darauf, daß es zu einem Verstehen von Symbol und Seele, von Unbewußt zu Unbewußt kommt. Sie weiß, daß ihre Symbole ihre Gegenstücke in den teils noch unstrukturierten, teils ausgeprägten Seelenbildern des einzelnen haben (vgl. Kapitel 3). Es darf freilich nicht bestritten werden, daß diese Absichtslosigkeit der Liturgie und ihre Verankerung im sinnlich-symbolischen Feld der Seele gerade durch die Einführung der Muttersprache immer wieder hintertrieben wird durch eine ethische und moralische Aufladung ihrer Sinngehalte. Deshalb ist es wichtig, sich immer wieder zu vergewissern, was die Liturgiekonstitution des II. Vaticanums festgehalten hat:

»In dem sie (die Kirche, D.F.) so die Mysterien der Erlösung feiert, erschließt sie die Reichtümer und die Machterweise ihres Herrn, so daß sie jederzeit gewissermaßen gegenwärtig gemacht werden und die Gläubigen mit ihnen in Berührung kommen und mit der Gnade des Heils erfüllt werden.« (Art. 102)

Welches Verständnis aber müßten wir von Liturgie entwikkeln, damit die »Reichtümer des Herrn« gegenwärtig werden können, d. h. für unsere Thematik: wie der Gottesdienst zu einem symbolisch-ganzheitlichen Vollzug werden kann?

Drama und Heiliges Spiel

Ich nenne zwei Leitbegriffe: »Drama« und »Heiliges Spiel«.[3] Nur wer etwas vom großen Drama des menschlichen Lebens versteht, vermag die Liturgie so zu inszenieren, daß sie die tieferen Seelenschichten des Menschen erreicht. Machen wir uns deshalb bewußt, was die Kirche tut, wenn sie Liturgie feiert:

In der rituellen Handlung inszeniert die Gemeinde ein großes Kultdrama, ein heiliges Spiel, welches um die Grundkonflikte menschlichen Daseins kreist: um Liebe und Haß, Ohnmacht und Hoffnung, Tod und Wiedergeburt, Schuld und Vergebung. Indem sie diese menschlichen Grundkonflikte in ihren Ritualen feiert, bietet sie zugleich Lösungen an als Antwort Gottes und bewahrt sie somit vor dem Vergessen.

Liturgie als die dichteste aller menschlichen Symbolhandlungen setzt also voraus, daß die an ihr Teilhabenden spiel- und dramafähig sind und einen Zugang haben zu jenen Seelenschichten, die dem Unbewußten nahe sind. Vor allem für die Träger des Rituals ist es wichtig, daß diese von der Existenz eines Unbewußten eine Ahnung haben. Gruppendynamisch kann man davon ausgehen, daß sich die feiernde Gemeinde mit der zentralen Figur – und das ist in der Regel der Zelebrant – identifiziert. Wenn dieser selbst nun das Ritual so vollzieht, als würde er einen Computer bedienen, macht er es der Gemeinde schwer, Zugang zu den tieferen Schichten der Symbolhandlung zu finden. Wenn die Leiter der Gottesdienste selbst nur wenig Erfahrung haben mit dem Drama des Lebens, also selber nicht genug hineinverwoben sind in die Konflikte um Liebe und Haß, Tod und Wiedergeburt, Ohnmacht und Hoffnung, wie können sie dann jene Rituale vollziehen, die das Hineinverwobensein in diese menschlichen Grundkonflikte voraussetzt?

Wenn beispielsweise ein Pfarrer den Traugottesdienst damit beginnt, daß er die anwesende Gemeinde bittet, doch weiter nach vorne zu kommen mit der Bemerkung, sie brauchten keine Angst zu haben, denn hier vorne geschehe nichts Besonderes, dann hat er das Ritual bereits im Kern zerstört.

Die Bedeutung der Gruppe

Liturgie als »Kultdrama« und »Heiliges Spiel« bedarf aber auch der Einbindung in eine Gruppe, die über den rituellen Vollzug hinaus in lebendigem Kontakt steht. Ohne diese kommunikative Basis verkommt das gemeinschaftlich geteilte Ritual zum privaten Klischee. Entwicklungspsychologisch entstehen Symbole ja im interaktiven Wechselspiel zwischen Mutter und Kind. Dinge werden zu Bedeutungsträgern und symbolisieren die Anwesenheit der Mutter bei ihrer tatsächlichen Abwesenheit, so z. B. das frühe Spielzeug des Kindes.[4] Ohne die Kommunikation zwischen Mutter und Kind können keine Symbole entstehen, wie z. B. bei schwer gestörten, z. B. autistischen Kindern oder psychotischen Erwachsenen.

Ich gehe weiter davon aus, daß die christliche Liturgie, wie sie sich im Zyklus des Kirchenjahres entfaltet, die Grundthemen des Lebens in sinnlich-symbolischer Form in unüberbietbarer Weise zur Anschauung bringt. Daher heißt meine These:

*Nicht die Symbole und Rituale der Liturgie selbst sind das Problem,
sondern deren Träger und die sie vollziehende Gemeinde.*
Wenn es ihr an umfassender Selbsterfahrung individuell und
kollektiv mangelt, kann sie keine heilend-erlösende und mo-
tivrelevante Liturgie feiern.

Welche Bedingungen sind hilfreich, symbol- und liturgiefähig zu werden?

Sich dem Drama des eigenen Lebens aussetzen

Nicht die Liturgie selbst ist das Problem, sondern das Leben
selbst bzw. die fehlende Beziehungsbasis der Menschen, die
Liturgie feiern. Liturgiefähigkeit ist also kein didaktisches
oder katechetisches Problem. Deshalb werde ich auch keine
direkten liturgiepädagogischen Hinweise geben, sondern die
Voraussetzungen benennen, die mir für einen heilend-erlö-
senden, symbolisch-ganzheitlichen Vollzug der Liturgie hilfreich zu sein scheinen. Das Kultdrama der Erlösung, wie es in
der Liturgie inszeniert wird, kann nur feiern, wer sich dem
Drama seines Lebens aussetzt. In der Liturgie läßt sich der
einzelne hineinverstricken in die Geschichten Gottes mit den
Menschen, und zwar auf einer unmittelbar sinnlichen Ebene.
Ohne Selbstbegegnung und Selbsterfahrung verkommt die
Liturgie zum starren Ritualismus. Nach meiner Einschätzung
ist die vielbeklagte Symbolunfähigkeit des modernen Menschen kein Vermittlungsproblem, sie ist nicht in den Ritualen
und Symbolen als solchen begründet in der Weise, daß diese
keine passenden Bilder und Szenen mehr darstellen, die der
Mensch heute nicht mehr verstehen könne, sondern hat ihre
Ursache in einem Mangel an Selbstbegegnung. Es käme also
darauf an, Orte dieser Selbsterfahrung zu schaffen, Orte, in

denen Menschen mit Liebe und Haß, Schuld und Vergebung, Abschied und Neubeginn, Trennung und Wiedergeburt Erfahrungen machen können.

Wie jedoch sollen sich Menschen diesen Höhen und Tiefen des Lebens aussetzen, wenn sie in der Liturgie mit einem Glauben in Berührung kommen, der sie eher vom Leben abhält, der eher einschränkt als weitet, der eher ängstlich Grenzen zieht, als daß er die menschlichen Wünsche entgrenzt. Die Langeweile unserer Gottesdienste liegt im langweiligen und faden Leben ihrer Träger begründet. Wenn sich eine Gemeinde in ihren Lebensäußerungen nur auf den kirchlichen Binnenraum beschränkt, dann macht sie sich selbst liturgieunfähig. Und dieser kirchliche Binnenraum wirkt für viele Zeitgenossen einfach nicht mehr attraktiv, man schaue sich nur die Sterilität vieler Pfarrheime an. Nur wenn es außerhalb der Liturgie Selbst- und Welterfahrung im Medium der Sinnlichkeit gibt, dann vermag die rituelle Erfahrung in der Liturgie zum authentischen Ausdruck zu werden und nicht zur Abwehr alles Lebendigen. Ein Grund für diese Starrheit des Glaubenslebens liegt m. E. in der noch andauernden Exkommunikation des Lebendig-Weiblichen aus dem religiösen Leben.

Einbindung in Beziehungen

Die Symbole und Rituale der Liturgie bedürfen der Einbindung in einen kommunikativen Zusammenhang, welcher theologisch als Koinonia zu qualifizieren ist. Die Aussage, daß die Gemeinde Subjekt der Liturgie ist, verweist auf die notwendige gruppendynamische Basis, ohne die die kostbaren Symbolhandlungen zu Klischees verkommen.

Klischees sind privatisierte Symbole: Symbole, die keine Relevanz mehr haben für das Zusammenleben und das Handeln einer Gruppe. Ein Symbol wird ja dadurch zum Klischee, daß sein Sinngehalt abgeschnitten ist von der Tradition und der Gruppe von Menschen, für die sein Sinngehalt lebensorientierende Qualität hat. Damit eine klischeehafte Liturgie also wieder symbolhafte Qualität bekommt, ist für den einzelnen der Kontakt mit einer lebendigen Gruppe Voraussetzung. Dieser Gruppenbezug kann jedoch nicht in der Liturgie selbst hergestellt werden, er liegt vielmehr im gesellschafts-diakonischen Bereich kirchlich-gemeindlichen Lebens. Außerhalb der Liturgie ist der Ort, an dem sich Gemeinde bildet, der Ort, an dem sie sich abarbeitet an den Konflikten und Erfordernissen der Umwelt. Nur wenn es hier gemeinsame Erfahrungen gibt, vermag die Liturgie selbst Ausdruck dieser vorgängig gemachten Erfahrung sein. Dadurch wird die Liturgie selbst vor einem ihr nicht zuträglichen Muß an Gemeinschaftsgefühl geschützt, welches ja viele Gottesdienste so kitschig und betulich macht: Es soll etwas erzeugt werden, was nicht ist. Es soll Nähe hergestellt werden, wo Distanz besser wäre. So ist ja der Friedensgruß weitgehend ein Klischee, weil er eine rituelle Handlung darstellt, die durch Erfahrungen außerhalb des Gottesdienstes nicht abgedeckt ist. Es ließen sich noch viele Beispiele nennen, die aufzeigen, wie durch Übernahme bürgerlicher Verkehrsformen (bestimmte Höflichkeitsformen) die symbolische Handlung verdünnt wird.

Rituale als Sprache der Seele und Praxis der Hoffnung verstehen

Symbole und Rituale sind die Sprache der Seele schlechthin. Sie wirken im Unbewußten und entfalten hier ihre identitätsstiftende Kraft, indem sie Modelle bilden, nach deren Art sich die zum Teil widerstrebenden Impulse des innerseelischen Lebens zur polaren Einheit zusammenfügen. Diese Tiefenschicht der Seele bedarf jedoch des Schutzes durch unzulässige Didaktik oder Katechese. Das ist ja der – natürlich oft pervertierte – Sinn der sogenannten Rubriken. Wer als Liturge selbst den Glauben an die Wirkmächtigkeit des Rituals verloren hat, der ist freilich genötigt, immer wieder zu erklären oder, wie im

Bereich der Kinderliturgie, durch immer neue Tricks aus der Kiste den Gottesdienst attraktiv zu machen. Auf der unbewußten Ebene wertet er damit die eigentliche Ritualhandlung ab. Hier wird freilich eine Problematik sichtbar, die die Seelsorger selbst betrifft: Weil sie in Folge einer rationalistischen Theologie kaum noch Ahnung haben von den Tiefenschichten der Seele und den dort angesiedelten Konflikten, vermögen sie auch der Sprache dieser Seele, nämlich den Symbolen, kaum noch etwas zuzutrauen. Es geht ihnen dann, wie jenem Pfarrer im Geburtsort von Martin Heidegger. Er beobachtet, wie dieser seine Dorfkirche betritt und stellt fest, daß Heidegger jedesmal vor dem Tabernakel eine Kniebeuge macht. Als sich der Pfarrer mit Martin Heidegger anschließend trifft, erlaubt er sich, ihm die Frage zu stellen: Herr Professor, wie kommt es, daß Sie jedesmal eine Kniebeuge vor dem Tabernakel machen? Martin Heidegger soll geantwortet haben: Ein Rationalist wie Sie versteht das nicht!

Das Ritual kann nur in Bezug zur sakramentalen Struktur des Glaubens richtig gedeutet werden. Sakramente sind sinnlich-symbolische Vergegenwärtigungen Gottes: Wie dieser sich im Christusgeschehen verleiblicht hat, so macht sich Christus in den Symbolhandlungen der Kirche anschaubar. Weil aber im Sakrament die sinnlich-materielle Grundlage unverzichtbar ist, so ist die Materie von Welt und Gesellschaft unaufgebarer Ort christlicher Praxis. Den liturgischen Symbolhandlungen kommt die Aufgabe zu, kontrafaktisch die Zukunft einer möglichen, besseren, im Symbol vorweggenommenen versöhnten Wirklichkeit zu vermitteln. Das christliche Ritual ist deshalb »Praxis der Hoffnung«[5],weil es »kritisch-negierend und aufklärend in die Gesellschaft hineinwirkt und sich in einer geschichtlichen Handlung ausspricht.«[6]In ihrer sinnlichen Gestalt realisieren sie im Modell den Vorgriff auf eine neue Welt und stiften dazu an, die Vision dieser verheißenen, besseren Welt wachzuhalten. Kirchliche Amtshandlungen und Rituale sind daher immer in Verbindung mit diesem Aspekt des Symbolisch-Sakramentalen zu sehen: Wo sie vollzogen werden, findet eine christologische Neudefinition der Situation statt. Ein christliches Begräbnis z. B. ist eben nicht nur die gesellschaftlich anerkannte und ordnungsgemäße Beisetzung eines Verstorbenen, sondern zugleich Neudefinition der Situation des Toten und der Trauernden. Der Tod wird aus dem Tabubereich ins Leben geholt.

Mehr dem Sein als dem Sollen verpflichtet

Symbole und Rituale sind eher dem Sein als dem Sollen zugeordnet. Weil sie dem Seelischen näherstehen als dem Ethischen, sollten sie vor moralischer Aufladung geschützt werden. Je weniger Menschen sich in der Liturgie vereinnahmt fühlen müssen, desto offener können sie sein für das innere Geschehen selbst. Ich vermute, daß viele Menschen ihren Symbolhunger deshalb lieber im Museum befriedigen, weil sie sich dort nicht einem moralisierenden Zugriff ausgesetzt sehen, wie sie es von der Liturgie der Kirche befürchten.
Überhaupt wird es notwendig sein, von vielem Kitsch Abstand zu nehmen, der im Zuge vieler katechtischer Bemühungen Eingang in den Gottesdienst gefunden hat und diesen selbst abwertet. Statt dessen käme es vor allem für die Akteure darauf an, die Liturgie wieder als »offenes Kunstwerk« zu verstehen.[7] Kunstwerk: Überkommene, archaische Rituale vermögen verändernd in unsere gängigen Lebensarten hineinzureden und sie von unten her zu verändern. Offen: Jedes Kunstwerk steht ja in der Spannung von interpretatorischer Treue und Freiheit. Nur in dieser Spannung können überkommene Riten schöpferisch angeeignet und weitergespielt werden.

Der »weibliche« Charakter der Liturgie

Die Symbole und Rituale der Liturgie haben, was ihren unbewußten Seelenanteil angeht, weitgehend weiblichen Charakter. Sie werden jedoch in der Kirche zelebriert von Männern, bei denen der Kontakt mit dem Weiblichen zumindest problematisch ist. Viele Liturgen haben ein gestörtes Verhältnis zu Sinnlichkeit und Erotik. Der Mann findet jedoch in seiner eigentümlichen Seelenbeschaffenheit oft den Zugang zu den eigenen unbewußten Schichten über den Kontakt mit der Frau. Es wäre also wichtig, im Hinblick auf die Liturgiefähigkeit auch der Gemeinde, daß zumindest ihre Träger, also die Liturgen selbst, eine Lebenskultur entwickeln, in der sie mit der Psyche der Frau in Kontakt kommen und selbst einen Zugang finden zu jenen Bereichen der menschlichen Persönlichkeit, die dem Intellekt und dem Denken vorgelagert sind. Dazu gehört neben einer individuell gestalteten Beziehungskultur vor allem das Feld der Kultur und der modernen Kunst, zu dem sowohl eine Gemeinde als auch ihre Seelsorger Kontakt haben sollten, um jenes große Kunstwerk adäquat feiern zu können, welches wir Liturgie nennen. Liturgie, als symbolisch-sakramentaler »Ernstfall« des Glaubens begriffen, ist also keine private Feier der Gemeinde. Ihr wohnt vielmehr eine weltbezogene Dimension inne: Als Sakrament ist der Gottesdienst ein Symbol von Ganzheit, weil er in vorwegnehmender Weise sichtbar macht, was unserer Welt und unserem Leben bevorsteht: Nicht der Untergang im kosmischen Chaos, sondern ein Leben in universeller Tischgemeinschaft. Diesem Ziel der lustvollen Verbindung und intimen Kommunikation dient auch die Sexualität, um die es im nächsten Kapitel geht.

Kapitel 6: Die entmachtete Sexualität

Die Macht der Sexualität

Sexualität ist eine solch ursprünglich-vitale Kraft, daß sich ihr kein Mensch entziehen kann. Sie kann eine Macht sein, die das Leben »machtvoll« prägt und dem Menschen das Gefühl gibt, in all seinen kreativen Lebensäußerungen mit einem vitalen Kraftzentrum verbunden zu sein. Die Fähigkeit zur gelingenden Sexualität ist aber nicht einfach angeboren. Im Gegenteil: Wegen ihrer archaisch-triebhaften und daher gefährlich anmutenden Kraft ist sie wie kaum ein anderer Lebensbereich der sozialen Normierung ausgesetzt. Als sexuelle Wesen entwickeln wir uns deshalb im Spannungsbogen zwischen unseren angeborenen Triebwünschen und den jeweils kulturell auferlegten Forderungen zum Triebaufschub bzw. Triebverzicht. Aufgrund dieser Gegebenheit konnten vor allem in nicht-demokratischen Systemen der Geschichte die jeweiligen Machthaber über die gesellschaftlichen, kulturellen oder religiösen Normen den einzelnen in seiner Subjektivität stark beeinflussen und beherrschen. Umgekehrt ist die Sexualität eine solche körpernahe Macht, daß der öffentliche Zugriff auf sie nie ganz gelingen konnte. In gewisser Weise wohnt ihr eine widerständige Kraft inne, die die Subjektivität des einzelnen bei aller notwendigen sozialen Anpassung schützt. Im folgenden soll deutlich gemacht werden, wie einerseits die Sexualität die Identität eines Menschen begründet und ihn »ganz« machen kann und wie andererseits dieser angeborene Trieb in seiner sozialen Formgebung selber dem Schicksal der Spaltung unterliegen kann.

Gespaltene Sexualität

Die Geschichte der abendländischen »Kultivierung« der Sexualität zeugt von den Gefahren dieser Ambivalenz: Sie ist eine
Geschichte der Abspaltung und Aufspaltung von Körper, Seele und Geist, von männlich und weiblich, von Gefühl und
Intellekt, von oben und unten. Damit ist ihre Geschichte auch
eine Geschichte der Konstituierung von Machtverhältnissen.[1]
Als Beispiele können die kirchliche Sexualmoral und die moderne Domestizierung und Verharmlosung der Sexualität
durch die Medien gelten:Während kirchliche Sexualmoral
durch Unterdrückung der sexuellen Wünsche des Menschen
diesen gefügig machen konnte über die Instrumente der persönlichen Seelenführung, die in der Regel auf eine Unterordnung unter das kollektiv-kirchliche Über-Ich hinausliefen,
zeichnen sich die modernen Praktiken durch eine scheinbar
harmlosere Technik der Ent-machtung der Sexualität aus. Die
Art, wie das Thema Sexualität in den Ratgeber-Spalten der
Illustrierten und einschlägiger Fernseh-Ratgeber-Sendungen
behandelt wird, läuft letztlich auf deren Entsexualisierung hinaus. Sexualität wird zur planbaren Technik, völlig dem Kalkül
des einzelnen unterworfen; sie wird geheimnislos und ihrer
archaischen Kraft beraubt. Ihre geradezu technische Hand-
habbarkeit und deren öffentliche Darstellung nimmt dem einzelnen das Gefühl, gerade in seiner Sexualität einen widerständigen und der öffentlichen Kontrolle entzogenen Teil seiner
Persönlichkeit leben zu können. Die Folgen dieser Spaltung
der Sexualität sind vielfältig und betreffen die Identität des
neuzeitlichen Menschen als Mann und Frau im Kern.

Das Märchen von Amor und Psyche

Das alte Märchen des Apuleius spiegelt diese Dynamik wider:
*Das wunderschöne Mädchen namens Psyche wird in der Nacht zur
Geliebten des von ihr nicht erkannten Gottes Amor, des Sohnes der*

Aphrodite. Schließlich erkennt Psyche den Gott aber doch, weil sie verbotenerweise ein Öllicht entzündet. Zur Strafe für diese verbotene Tat muß sie viele Prüfungen über sich ergehen lassen, die ihr von der eifersüchtigen Schönheitsgöttin Aphrodite auferlegt werden. Immer wieder, selbst beim Gang in die Hölle, setzt sie ihr Leben ein, bis schließlich die Macht ihrer Liebe erkannt wird.

Mit der Anerkenntnis ihrer Liebe durch die Götter erhält Psyche auch die Bestätigung, ein weibliches Eigenwesen zu sein. Erich Neumann sieht darin einen entscheidenden Entwicklungsschritt menschlichen Bewußtseins, der in der Abgrenzung und Differenzierung des männlichen und weiblichen Prinzips besteht.[2] In der Symbolik des Märchens drückt sich eine bis dahin nicht bewußtseinsfähige neue Seinsmöglichkeit aus, nämlich die weibliche. Neumann interpretiert weiter: Besteht die männliche Art, den Drachen (als Symbol des Unbewußten und der Libido) zu besiegen, darin, ihn zu töten – so der Erzengel Michael, der hl. Georg oder der Held Siegfried –, so zeigt sich jetzt die weibliche Art, den Drachen zu besiegen, und die besteht darin, ihn anzunehmen.[3]

Was hier deutlich wird, ist der Zusammenhang von Identität und Sexualiät, so daß sich fortan nicht mehr von »dem Menschen« – und damit war in der Regel der Mann gemeint – sprechen läßt, sondern nur noch von psychosexuell differenzierten Männern und Frauen. Dennoch ist der in Apuleius' Märchen ins Bewußtsein getretene Zusammenhang wieder ins Unbewußte hinabgesunken: Die Entwicklung des abendländischen Selbstverständnisses war weniger von der kreativen Bezogenheit männlicher und weiblicher Identität gekennzeichnet als von deren rigiden Trennung mit all ihren Symptomen patriarchalen Herrschaftsanspruchs. Es hat nach den Zeiten des mythischen Märchens des Apuleius lange gedauert, bis am Beginn dieses Jahrhunderts der innere Zusammenhang von Identität und Sexualität neu entdeckt wurde. Diese Entdeckung ist untrennbar verbunden mit dem Namen Sigmund Freud. Damit waren neue Chancen gegeben, das Gespaltene und Getrennte wieder miteinander in Beziehung zu bringen.

Zurückgewinnung der ganzen Sexualität

Sexualität und Identität

Es ist das unbestreitbare Verdienst Freuds, nach jahrhundertelanger Abspaltung der Sexualität von der Identität des Menschen diesen Zusammenhang differenziert und überzeugend dargestellt zu haben. Wenn auch die Freudsche Trieblehre innerhalb der modernen Psychoanalyse in vielen Aspekten so nicht mehr übernommen wird, so findet die Einschätzung der Sexualität als menschlichem Ausdrucksverhalten doch eine breite Anerkennung. Hintergrund dieses Zusammenhangs von Sexualität, Identität und symbolischem Ausdruck ist die artspezifische Eigentümlichkeit menschlichen Sexualverhaltens. Dieses ist dadurch gekennzeichnet, daß es nicht an jahreszeitlich begrenzte und im Rhythmus wiederkehrende Perioden gebunden ist. Diese von Arnold Gehlen so genannte Instinktreduktion führt zu einer Daueraktualität der Sexualität, welche ihrerseits eine Sexualisierung des gesamten menschlichen Antriebslebens zur Folge hat.[4]

Diese Sexualisierung begründet ihrerseits eine Ablösung erotischer Lustempfindung von der sexuell-genitalen Aktivität und führt zu einer erotischen Tönung aller Bereiche sozialen und kulturellen Lebens. So kommt es zu einer Einbeziehung der Sexualität in den Aufbau einer Kulturwelt, eine Tendenz, die durch die moderne Trennung von Sexualität und Fruchtbarkeit noch einmal einen neuen Schub erhält. Auf dem Hintergrund dieser Ablösung der Sexualität von jahreszeitlicher Bindung, wie sie schon bei den Primaten einsetzt, und der zunehmenden kulturellen Überformung konnte Freud die Sexualität deuten als einen Bereich, der etwas be-deutet: In ihr drückt sich etwas aus, das aber mit dem Ausgedrückten nicht einfach identisch ist. Sexualität ist ein Trieb und zugleich sozial-symbolisches Ausdrucksverhalten.

Aus diesem Grund kann auch das konkrete sexuelle Tun eines Menschen nicht einfach losgelöst von seinem Bedeutungshintergrund verstanden oder beurteilt werden. Nicht die einzelne sexuelle Handlung, sondern nur die sich darin ausdrückende Haltung kann Gegenstand ethischer Reflexion werden.[5]

Phasenspezifische Ausprägung der Sexualität

Der grundlegende Gedanke der Freudschen psychosexuellen Phasenlehre ist der, daß die Sexualität des Erwachsenen eine Geschichte hat und daß diese Geschichte nicht nur von biologischen Faktoren abhängt, sondern ebenso von der Art der Beziehung, die die frühen Bezugspersonen zum Kind hatten. Es ist also der Zusammenhang von sexueller Identität und gesellschaftlich-kulturell bestimmter Art der Interaktion, der den Verstehenshintergrund bildet. Triebschicksale sind keine biologischen, sondern soziale Schicksale![6]
Sexualität wird also von Freud in einem erweiterten Sinn verstanden. In seiner Libidotheorie legte er ein Konzept vor, welches die sexuelle Triebkraft als etwas Umfassenderes versteht als dies umgangssprachlich üblich ist, wenn von Sexualität gesprochen wird. Die Libido ist von Anfang an da. Sie ist zunächst auf bestimmte Körperzonen bezogen und entwickelt sich entlang sozialer Erfahrungen über verschiedene Stufen bis hin zur genitalen Reife und zur sexuellen Identität von Mann und Frau. In jeder Phase verinnerlichen wir bestimmte Formen lustbetonten Erlebens, die uns als Erwachsene zur Verfügung stehen – etwa als Fähigkeit, genußvoll zu essen, Freude am Besitzen zu erleben oder als Bereitschaft, etwas zu verschenken. Weiter kann die Fähigkeit genannt werden, mit anderen zu rivalisieren oder sich zu solidarisieren. Von daher sind die einzelnen Phasen der Libidoorganisation nicht nur Geschichte, sondern sie prägen unser gesamtes soziales und kulturelles Erleben und Verhalten.[7]

Haben wollen und sich einverleiben: Oralität

Im ersten Lebensjahr ist die Mundhöhle der bevorzugte Ort von Lustempfindungen. Die gesamte Welterfahrung des Kindes verläuft in der oralen Phase über diese erogene Zone. Die Erfahrungen des Kindes in dieser Zeit haben nach psychoanalytischer Auffassung entscheidende Bedeutung für das Gefühl des Vertrauens oder Mißtrauens gegenüber der Welt. Ist z. B. das Erlebnis von Lust beim Saugen einmal gemacht worden, bleibt ein Bedürfnis nach Wiederholung dieses lustvollen Tuns zurück. Neben der Nahrungsaufnahme tritt in einem späteren Stadium die Einverleibung des lustbereitenden Objektes hinzu. Durch »kannibalistische« Einverleibung der Mutter bzw. deren Brust, sucht das Kind seine Abhängigkeit aufzuheben und Selbständigkeit zu erlangen, so wie der Kannibale die geliebte und gefürchtete Stärke seines Feindes in sich aufnimmt. Von der Qualität des Durchlaufens dieser Phase der Oralerotik hängt im späteren Leben die Fähigkeit des Menschen ab, sich etwas nehmen zu können, aber nicht alles haben zu müssen, in flexibler Weise etwas für sich zu beanspruchen und anderen das ihre zukommen lassen zu können.

Zwang oder eigene Bedürfnisse: Analität

Im zweiten und dritten Lebensjahr ist der After die bevorzugte erogene Zone. Der Akt der Defäkation und die Reinigung durch die Mutter ruft ebenso lustvolle Erregung hervor wie die Fähigkeit, den Darminhalt zurückzuhalten oder auszustoßen. Im Umgang mit dem Darminhalt, der wie ein eigener Körperteil behandelt und – falls hergegeben – als Geschenk an die Mutter erlebt wird, lernt das Kind zwei gegensätzliche Strebungen zu handhaben: sich trotzig zu verweigern und festzuhalten oder sich loszulassen und herzugeben. Die Auseinandersetzung mit den Ausscheidungsfunktionen und deren sozialer Kontrolle bilden eine weitere Grundlage für das spätere Lebensgefühl bzw.

für die sich entwickelnden Charaktereigenschaften. Der Kampf im Rahmen der Reinlichkeitserziehung – im Zeitalter von Pampers ungleich sanfter als in Zeiten, in denen die Mutter die Windeln noch waschen mußte – bestimmt die Art des Umgangs mit aggressiven Impulsen und entscheidet somit über Auflehnung oder Unterwerfung. Ein adäquates Durchlaufen dieser analerotischen Phase führt zu einem Zuwachs an Autonomie und befähigt das Kind, später situationsgerecht eigene Bedürfnisse zu befriedigen oder darauf verzichten zu können. Störungen können nen zu Hemmungen im Aggressionsbereich führen und unfähig machen, etwas für sich zu beanspruchen. Der innere Zwang zur Anpassung führt dann häufig zu ausgeprägtem Trotz oder Dominanzstreben.

Sich identifizieren können: infantile Genitalität

Im vierten und fünften Lebensjahr werden die Genitalien zu erogenen Zonen. Das Interesse am Geschlecht ist jedoch zunächst noch auf die eigene Person hin, also narzißtisch ausgerichtet. Deshalb wird dieses Stadium auch als infantil-genital oder phallisch-narzißtisch bezeichnet. In letzterem Begriff kommt eine Problematik zum Vorschein, die der Psychoanalyse heftigste Kritik und Ablehnung eingebracht hat. Vor allem von weiblichen Psychoanalytikerinnen wird die männlich-phallische Ausrichtung des Freudschen Konzeptes abgelehnt. Diese phallokratische Grundorientierung der Psychoanalyse, die ihr Begründer noch nicht kritisch reflektieren und durchschauen konnte, kann jedoch getrost aufgegeben werden mit der Folge, zahlreiche Einschätzungen Freuds zur männlichen und weiblichen Sexualität zu revidieren, ohne deswegen das psychoanalytische Grundverständnis der psychosexuellen Identität eines Menschen aufgeben zu müssen. Diese findet ein Menschenkind dadurch, daß es in der ödipalen Dreieckssituation (Mutter-Vater-Kind) libidinöse Wünsche an den gegengeschlechtlichen Elternteil richtet. Aus Angst vor dem gleichgeschlechtlichen Teil verzichtet es jedoch auf die Erfüllung dieser Wünsche und identifiziert sich statt dessen mit ihm. Dadurch bildet sich das sogenannte Über-Ich mit der Folge einer Stabilisierung der Geschlechtsidentität. Störungen oder nicht aufgelöste Konflikte dieser Phase äußern sich später im Erwachsenenleben vor allem als Beziehungsstörungen: Der ödipal gestörte Mann sucht permanent seine Mutter, die er in jeder Frau zu finden hofft, wie umgekehrt die Frau in ihren männlichen Partnern endlich den bisher unerreichbaren Vater gefunden zu haben glaubt.

Das Entwicklungsziel: Mann oder Frau sein

Nach der sogenannten Latenzphase erreicht infolge der Akzeleration der körperlichen Reife die psychosexuelle Entwicklung ihre höchste Stufe: die Geschlechtsreife. Das bis dahin weitgehend mit der äußeren Realität beschäftigte Ich ist nun wieder mit intrapsychischen Aufgaben belastet. Es kommt zur Wiederbelebung oraler und analer Trieborganisationen (z. B. Freßsucht, sadistische Neigungen, Schlampigkeit usw.) und schließlich zur Neubelebung des Ödipuskomplexes infolge des genitalen Triebdrucks. Zahlreiche Ängste und Konflikte müssen durchgestanden werden, damit die Ablösung vom Familienverband gelingt und neue, nicht-inzestuöse Bindungen eingegangen werden können. Diese »zweite Chance« von Pubertät und Adoleszenz enthält die Möglichkeit, sich jenseits der familiären Identifikationen in neuen Rollen als Mann oder Frau zu erproben, eine Chance nicht nur für die Jugendlichen selbst, sondern für die gesamte Kulturentwicklung.[8]

Sexualität zwischen Natur und Kultur

Es ist von großer Bedeutung, Sexualität weder nur biologisch determiniert noch ausschließlich kulturell geprägt zu verstehen, sondern sie als Resultat eines komplizierten Interaktionsprozesses zwischen Anlage und Umwelt zu begreifen. Als sexuelle Wesen stehen wir sozusagen zwischen Natur und Kultur. Vor allem für das Verständnis der Beziehungen zwischen den Geschlechtern ist es erhellend, wenn man männliches und weibliches Verhalten weder ausschließlich auf biologische Einflüsse zurückführt noch auf die Annahme einer Dominanz des Kulturellen zurückgreift. Der kulturelle Einfluß auf »typisch« männliches und weibliches Verhalten muß ebenso berücksichtigt werden wie die Tatsache der geschlechtsspezifischen Differenzierung des Gehirns mit der gleichmäßigen bzw. zyklischen Hormonproduktion.

Religiöse Sinndeutung der Sexualität?

Sinndeutungen elementarer Phänomene wie der Sexualität weisen darauf hin, daß entweder die Sexualität von sich aus eines ihr angesonnenen Sinnes bedarf, also von Natur aus ergänzungsbedürftig ist, oder aber daß eine Gesellschaft von den elementaren sexuellen Vollzügen weit entfremdet ist und damit außerstande, Sexualität aus Sexualität heraus zu leben. Wenn wir die Sexualität im Zwischenbereich von Natur und Kultur ansiedeln, ist die Gefahr einer sinndeutenden Überfremdung ebenso groß wie die eines romantischen Naturalismus. Diese Gefahr verschärft sich noch einmal bei dem Versuch, Sexualität religiös zu deuten. Die biblische Tradition ist deshalb auch sehr zurückhaltend in ihren religiösen Deutungsversuchen, so als ahnte sie die Gefahr, Sexualität metaphysisch aufzuladen oder theologisch zu neutralisieren. Dennoch begegnet dem neuzeitlichen Menschen infolge der Verschmelzung der Libido mit kulturellen Aktivitäten in der Sexualität eine Macht, die ohne Sinndeutung der Gefahr der

Funktionalisierung (etwa durch die Werbung) und der Entfremdung (etwa durch den Konsumismus) ausgesetzt ist. Theologisch gesprochen heißt das: Sexualität hat als Teil der Schöpfung ihr Recht aus sich selbst, sie ist freigesetzt zu sich selbst. Aber sie hat auch Teil an der Gebrochenheit der Schöpfung und wartet auf ihre Vollendung. Sie ist höchstes Glück und zugleich eine dämonische Macht, sie ist äußerste Lebenskraft und zugleich ein Stück Sterben. Bei aller Befriedigung bleibt eine innere Unruhe in der Sexualität, ein dem Eros innewohnendes Suchen nach einem Mehr. Trotz aller Versuche, die Sexualität hygienisch zu machen, sie pflegeleicht auszustaffieren mit manchen Harmlosigkeiten, ist ihr die beunruhigende Kraft nicht auszutreiben gewesen.

Vier Dimensionen des Sexuellen

Ich nenne im folgenden vier Dimensionen sexuellen Tuns, welche aus der gesellschaftlichen Enge, in die die Sexualität trotz der sexuellen Revolution hineingeraten ist, herausführen können. Sie verstehen sich als theologische Perspektiven, die von einem umfassenden Horizont, nämlich dem der biblischen Verheißung des Reiches Gottes, ausgehen. Anthropologisch orientiere ich mich dabei an den zentralen Grundwünschen, die als Resultat durchgestandener Grundkonflikte den Weg der Selbstwerdung des Menschen kennzeichnen und zur Ganzheit führen: Abhängigkeit, Autonomie, kosmische und soziale Verbundenheit.

Abhängigkeit und Intimität

Seit unseren ersten Lebenstagen treibt uns der Wunsch um, wie wir das verlorene Paradies (psychologisch: intrauteriner Zustand, orale Phase und symbiotische Verschmelzung) wiedergewinnen können. In seinem Buch »Der heilige Eros« meint Georges Bataille, das wahre Ziel sexuellen, erotischen Lebens sei die große Vereinigung, die Aufhebung der Gegensätze, das Übergehen aus dem Geteilten, Diskontinuierlichen in das große, unendliche, ewige Kontinuum. Darin seien Liebe und Tod identisch. Tatsächlich ist beider Ziel das Untergehen der eigenen Individualität, die Auflösung des Ich. Liebe wird tödlich, wenn sie in pathologische Symbiose umschlägt und das Ich ohne eigene Individuation darin hängenbleibt.[9] Liebesbeziehungen zielen darauf ab, Abhängigkeit, Nähe, Geborgenheit und Intimität zu erleben, ohne dabei die eigene Persönlichkeit aufgeben zu müssen. Voraussetzung dafür ist die Fähigkeit zu wechselseitigen Beziehungen, in denen sich die Partner nicht in angstmachender Weise verlieren, sondern im Bewußtsein eigener Ich-Grenzen Abhängigkeit und Intimität zulassen.

Aus der Psychotherapie wissen wir, wie häufig Menschen dazu nicht in der Lage sind: Eine geradezu panische Angst vor Nähe macht sie unfähig, sich selbst loszulassen, um sich im anderen für einen Augenblick wiederzufinden. Diese narzißtisch-überabgegrenzten Charakterstrukturen nehmen – wie wir gesehen haben – in einer schizoiden und vom Kult extremer Privatheit bedrohten Gesellschaft rapide zu. In ihr wird es geradezu zum Ideal, möglichst unabhängig zu leben, jede Verbindung bekommt den Anschein einer identitätsbedrohenden »Kastration«. Der Mensch gerät jedoch in eine bedrohliche Selbstüberforderung, wenn er nicht in der erotisch gefärbten Nähe zu einem Menschen klein sein und Trost nötig haben darf. Statt dessen sind viele von der Sorge getrieben, dem Liebespartner die eigenen Schwächen verbergen zu müssen. »Furcht gibt es nicht in der Liebe, sondern die vollkommene Liebe treibt die Furcht aus«, sagt Johannes (1 Joh 4,18). Sich als sexuelles Wesen annehmen lernen, heißt also auch, sich als verwundbarer, geschöpflicher und daher begrenzter Mensch zu akzeptieren. Wer das nicht lernt, wird dazu getrieben, andere wegen ihrer Schwachheit und Begrenztheit zu verachten oder gar zu verfolgen. Es gibt genug Beispiele der destruktiven Folgen solcher Abspaltungen im Wahn des Groß-Sein-Müssens. Geradezu unbefangen offen redet die Bibel etwa im Hohenlied von der Zartheit und Kreativität der erotischen Beziehung zwischen Mann und Frau: Ohne Angst vor Nähe qualifiziert sie Intimität, Vertrauen und Ekstase als Gabe des Schöpfers.

Autonomie und Ekstase

In ihrem Buch »Lieben und Arbeiten« (1985) weist D. Sölle darauf hin, daß der Mensch auch in seiner Sexualität »Co-Creator« Gottes ist. Ich finde diesen Aspekt des Mit-Schöpfer-Gottes-Seins gerade in bezug auf die Sexualität deshalb so hilfreich, weil er den Entfremdungen einer zur Ware verkommenen Sexualität entgegenwirken kann. Lustvolle und ekstatische Selbstüberschreitungen erlauben dem Menschen, unter Wahrung seiner Autonomie den Verlust eines paradiesischen, ozeanischen Lebensgefühls für einen Moment rückgängig zu machen. Im ekstatischen Erleben haben wir Teil an einer unmittelbaren und euphorischen Welterfahrung, wie es sie in unserer frühen Kindheit einmal gab: Es ist die ursprüngliche Freude, einfach da zu sein und in einer großen Kommunion mit der Schöpfung zu verschmelzen.

Echte Ekstase ist zu unterscheiden von künstlich erzeugtem Rausch oder depressiver Selbstaufgabe. In der ekstatischen Selbstüberschreitung geht es vielmehr um Werte wie Gegenseitigkeit, Lust, Kommunikation und Verwundbarkeit im Gegensatz zu Macht, Beherrschung und Unterdrückung. Die lustvolle Erfahrung der Sexualität ist nicht nur ein rein privates Erlebnis, sie zielt auch darauf ab, andere in diesen schöpferischen Zustand zu versetzen: »Es ist nicht gut, daß der Mensch allein sei« (Gen 2, 18). Adam und Eva ertragen ihr Nacktsein, sie kommen ohne Masken und Mauern aus, sie leben zunächst ohne den Zwang, sich verteidigen zu müssen. Den vielleicht stärksten Zwang auf unser aufgeklärtes Sexualverhalten übt nach der Einschätzung D. Sölles der Konsumismus aus, der die erotischen und sexuellen Beziehungen längst erfaßt und zur Ware degradiert hat: »Unsere Triebe und Leidenschaften sind vom sozialen Leben ausgeschlossen. Wir arbeiten für

Tauschwerte; …auch die Suche nach Sexualobjekten ist grenzenlos, denn der Gebrauchs- oder Tauschwert von Körpern vermag unsere wirklichen Bedürfnisse nach Sexualität und Liebe nicht zu erfüllen… Da die eigentlichen Ziele unserer Triebe und Wünsche verfehlt werden, bleiben wir ständig unbefriedigt und daher unzufrieden… Das Ziel sexueller Wünsche verlagert sich von einer konkreten, unverwechselbaren Person auf ihre körperlichen Reize oder ihre modische Verpackung… Anonymer Sex… oder der sportliche Sex des guttrainierten Sexualathleten sind die Kümmerformen der Sexualität; sinnliche Erregung ist getrennt von Gefühl und Erwartung, Sexualität von menschlicher Verbundenheit, Liebe von Erkenntnis.«[10]

Ganzheit und kosmische Verbundenheit
Wir können Liebesbeziehungen und Sexualität nicht verstehen, wenn wir sie von der lebenslangen Aufgabe, Mensch zu werden, trennen. Unsere Suche nach Beziehung und Hingabe, Erotik und Lust gründet in unserem elementaren Grundwunsch, ganz zu sein, Spaltungen zu überwinden und unsere Ich- Grenzen zu überschreiten. Diese Tendenz, die Freud als »ewigen Eros« bezeichnet, zeigt sich darin, daß sie darauf abzielt, »lebende Substanzen zu erhalten und zu immer größeren Einheiten zusammenzufassen.«[11] Unsere Zivilisation mit ihrer Tendenz, Ganzheit zu zerlegen und aufzuspalten, steht diesem Grundwunsch oft diametral entgegen und verhindert, daß Amor und Psyche zueinander finden.
Besonders Frauen sind Opfer dieser Spaltung, oder besser: Sie nehmen sie eher wahr und reagieren sensibler darauf. Sie sind deshalb diejenigen, die auf dem Weg zu einer ganzheitlichen Sexualität einigen Vorsprung haben und auf die Defizite einer patriarchalisch geprägten Beziehungskultur aufmerksam machen, wie sie sich in der typisch »männlichen« Reduktion des Sexuellen zeigen: der Reduktion des Sexuellen auf das Genitale, des Genitalen auf den Koitus, des Koitus auf den Orgasmus. Wolfgang Bartholomäus hat unter dem

Stichwort »polyzentrische Sexualität« Wege aus diesen Verkürzungen gewiesen.[12]

Ergebnis dieser verkürzten abendländisch-männlichen Form von Erotik und Sexualität ist ein tiefes Einsamkeitsgefühl, das trotz intensiver sexueller Aktivität nicht zu verschwinden scheint. Es ist die Folge unseres gestörten Beziehungsbewußtseins, welches – wäre es intakt – uns das elementare Gefühl geben würde, trotz aller Trennung und Individuation mit der Welt, mit dem Kosmos, mit Gott verbunden zu sein. Man könnte insofern von einer mystischen Dimension der Sexualität sprechen, als diese den Menschen nicht isolieren, sondern zu einer intensiveren Verbindung mit der Schöpfung und ihrem Geheimnis führen will. Schon der Blick auf andere Kulturen, etwa auf die Praxis der altchinesischen Liebeskunst, die unter dem Namen »Tao der Liebe« zu einem völlig anderen Vollzug der Sexualität führt, zeigt die Relativität westlich-abendländischer Sexualpraktik: Nicht der Orgasmus und die Ejakulation sind das Ziel des Sexualaktes, sondern eine intensive und zeitlich ausgedehnte Form des Zusammenseins: Der Koitus wird nicht durch den Orgasmus beendet, sondern soll um ganze Nächte, in die auch der Schlaf einbezogen wird, ausgedehnt werden. Der Orgasmus wird deshalb eher als eine vorzeitige Unterbrechung des Liebeslebens angesehen, denn als dessen Höhepunkt. Bedeutsam dabei ist, daß die Liebe selbst von einem zeitlich begrenzten Erlebnis umgewandelt wird zu einem geradezu kosmischen Verschmelzungserlebnis. M. L. Möller, der bekannte Psychoanalytiker, diagnostizierte, daß unsere abendländische »Endproduktorientierung«, welche den Orgasmus zum erklärten Ziel des Liebesaktes macht, gerade eine Abwehr der Liebe sein kann: »Es ist die Angst vor der Frau, genauer vor dem, was wir heute als weibliche Erotik erleben, und noch genauer: die Angst vor der Tiefe der menschlichen Liebe, deren Reste heute wohl noch am ehesten Frauen – und wohl auch Kinder – bewahren.«[13]

Durch eine solche umfassende Sicht der menschlichen Sexualität könnte auch die Nähe der sexuellen zur religiösen Erfahrung wiederentdeckt werden. In der jüdisch-christlichen Überlieferung finden sich genügend Ansatzpunkte für eine einheitliche Sicht von Eros und Agape: angefangen vom Hohenlied der Liebe im Alten Testament über das Hohelied der Liebe bei Paulus (1 Kor 13) bis zur ganzheitlich-kosmischen Spiritualität des Hl. Franziskus, dessen Leidenschaft für Gott verbunden war mit seiner ungeteilten Liebe zu allem Lebendigen.

Gerechtigkeit und soziale Verbundenheit
Eine weitere Gefahr für unsere Liebesfähigkeit ist die extreme Privatisierung und die damit einhergehende Abspaltung des Erotisch-Sexuellen von allen öffentlichen Belangen. Was noch im letzten Jahrhundert als Fortschritt erschien und einen persönlichen Freiheitszuwachs bedeutete, scheint sich heute ins Gegenteil umzukehren. Je größer die Bedrohung des eigenen Selbst wird, desto intensiver wird die Suche nach dem privaten Glück. Es sieht oft so aus, als ob die von gemeinsamer Arbeit isolierte Zweierbeziehung für viele Menschen zu einer Art Entschädigung für eine sie enttäuschende Welt geworden ist. Liebe kann doch mehr als Entschädigung sein, nämlich eine Herausforderung, in deren Verwirklichung zwei Menschen über sich hinauswachsen. Nicht nur, daß zwei Menschen sich anschauen, sondern daß sie gemeinsam auf etwas Drittes blicken, darin verwirklicht sich die Qualität der Transzendenz, die ihre biologische Grundlage in der Fortpflanzung hat und sich in vielfältigen generativen Akten ausdrücken kann.
Hilfreich ist hier die Einsicht, daß der intime Bereich der Sexualität etwas zu tun hat mit der Art unserer gesellschaftlichen und politischen Konflikte. Die Aufteilung der Welt in Arme und Reiche, in Mächtige und Unterlegene ist nicht ohne Auswirkung auf unsere psychosexuelle Wirklichkeit – wie auch umgekehrt. Es gehört zu den Todeszeichen unserer Zivilisation, daß sich die Potenz der Mächtigen in Symbolen destruktiver Macht ausdrückt, vom Schwert über das Gewehr bis zur Atombombe. Hier haben sich die Kräfte des Lebens,

denen die Sexualität das biopsychische Fundament gibt, mit ihrer Gegenkraft, dem von Freud in seinen späten Schriften beschriebenen Todestrieb, verbunden. Mit ihm läßt sich fragen: »Und nun ist zu erwarten, daß die andere der beiden ›himmlischen Mächte‹, der ewige Eros, eine Anstrengung machen wird, um sich im Kampf mit seinem ebenso unsterblichen Gegner zu behaupten. Aber wer kann den Erfolg und Ausgang voraussehen?«[14] Es bleibt, der berechtigt pessimistischen Frage Freuds – er fügte sie 1931 an seinen Text an, als die Bedrohung durch Hitler schon erkennbar war – die Hoffnung des Glaubens gegenüberzustellen: »Für jetzt bleiben Glaube, Hoffnung, Liebe, diese drei; doch am größten unter ihnen ist die Liebe« (1 Kor 13, 13).

Am Ende dieser Gedanken zur Sexualität ist noch einmal der Hinweis wichtig, daß die Art unseres sexuellen Lebens viel zu tun hat mit unserem religiösen Empfinden und unserem Gottesglauben. Nur wenn sich Menschen in dem zentralen biologischen und psychischen Bereich der Sexualität ganz – im Sinne der vier Dimensionen Abhängigkeit, Autonomie, kosmische und soziale Verbundenheit – erleben können, sind sie imstande, auch an den »ganzen Gott« zu glauben (vgl. Kapitel 1). Sie müssen ihn nicht mehr aufspalten in ein rein-geistig jenseitiges, dem Körperlichen entrücktes Wesen und einen erdhaften Dämon, sondern können die Spuren seiner Gegenwart entdecken in jener Quelle von Lust und Liebe, mit der sich das Christentum in seiner Geschichte oft so schwer getan hat. Deshalb schließt das kommende Kapitel mit seinen Impulsen zur heilenden, d. h. auf Ganzheit abzielenden Seelsorge gerade auch die Dimension des Sexuellen mit ein, auch wenn sie nicht ausdrücklich thematisiert wird.

Teil III
Wege der Heilung

Kapitel 7: Therapeutische Seelsorge

Es gehört zu den fundamentalen Strebungen inneren Lebens, ganz und heil zu sein. Jeder Mensch sucht sich selbst als jemanden zu begreifen, der all seine Strebungen in ein kontinuierliches Selbst (»Identität«) integriert unter der Leitung von Werten, die mit anderen, mit der umgebenden Kultur und Gesellschaft (»kollektive Identität«) geteilt werden. Seelsorge im umfassenden Sinne hat zum Ziel, Menschen beizustehen, ganz und heil zu werden und ihre Integrität zu wahren. Ich wähle hier bewußt den Begriff Integrität, um einem Mißverständnis vorzubeugen, das mit dem Wort »Ganzheit« auftauchen könnte, nämlich die Illusion eines konfliktfreien, ungebrochenen Zustandes reinen Glücks. Die Verwobenheit in Konflikte und die Brüche in dem, was man Identität nennt, gehört zur unaufhebbaren Grundbefindlichkeit des Daseins, die Seelsorge und Psychotherapie zu berücksichtigen haben, wenn sie nicht zu banalen Glückslieferanten verkommen wollen (vgl. den letzten Absatz von Kapitel 1!).

Diesen Vorbehalt berücksichtigend, kann man Seelsorge, die sich aus einem engen, doktrinären oder sakramentalistischen Verständnis befreit hat und in der sich etwas vom Umgang Jesu mit den Menschen widerspiegeln soll, beschreiben als den Versuch, das die Integrität des Selbst Bedrohende zu überwinden und Abgespaltenes und Exkommuniziertes wieder kommunizierbar zu machen. Dabei leitet Christen, die sich in diesen Dienst begeben, die Überzeugung, daß im Angesicht Gottes alles, aber auch restlos alles ein Daseinsrecht hat und daß es nichts gibt, das draußen vor der Tür bleiben muß. Gott hat dabei also nicht die Rolle eines Moralapostels oder eines Sittenwächters, sondern er ist als die absolute Lebenserlaubnis die Voraussetzung dafür, daß Menschen im Raum des Glaubens sich bewegen können wie in einem Haus, in dem ein jeder frei lebt.

Seelsorger und Seelsorgerinnen, die andere auf diesem Weg begleiten, sind deshalb die ersten, die davon selbst etwas erfahren haben müssen. Aus der therapeutisch-seelsorglichen Begleitung dieser Zielgruppe, die im folgenden kurz beschrieben werden soll, sind folgende Überlegungen entstanden. Dabei steht die Überzeugung Pate, daß gute Seelsorge keine nachgemachte Psychotherapie ist, sondern ein ganz eigenständiger Weg zum Menschen, wie er im 2. Kapitel beschrieben wurde. Da jedoch die Seelsorge sich immer mehr verengt hat auf eine rein religiöse Sicht der Seele und dabei die seelische Wirklichkeit des Menschen – im Sinne des Psychologischen – ganz aus dem Blick verloren hat, befinden wir uns jetzt in einer Phase des Nachlernens und des interdisziplinären Dialogs. Der Abspaltung der Psychotherapie von der Religion könnte letztere dadurch entgegenwirken, daß sie sich neugierig einläßt auf den psychotherapeutischen Zugang zum Menschen, ohne dadurch ihren eigenen Auftrag und ihre eigenen Quellen aus dem Blick zu verlieren.[1]

Psychoanalytische Arbeit mit Seelsorgern

Wer als Seelsorger oder Seelsorgerin anderen Lebenshilfe aus dem Glauben an den »ganzen« Gott gibt, bedarf in der Regel selbst einer intensiven Begleitung, um für diese Aufgabe befähigt zu werden und sie durchzustehen. Wie für alle helfenden Berufe, lauert auch bei kirchlichen MitarbeiterInnen die Gefahr des sogenannten Helfersyndroms, d.h. daß eigene Konflikte und Krisen dadurch zu lösen versucht werden, daß verstärkt anderen geholfen wird. Um dieser Falle zu entgehen, bietet z.B. der »Psychotherapeutische Beratungsdienst für kirchliche Berufe«[2]psychologische Hilfe an für Priester, Ordensleute und hauptamtliche kirchliche MitarbeiterInnen. Dieser Beratungsdienst versteht sich in erster Linie als Beratungsangebot für Fragen der Psychotherapie. Falls eine solche angezeigt ist, wird Ratsuchenden hier ein Therapieplatz vermittelt oder – falls eine psychoanalytische Therapie nicht angezeigt ist – eine zeitlich begrenzte Beratung angeboten oder an andere Fachleute verwiesen (geistliche Begleiter, Ärzte, Supervision, Fortbildung). Diese Arbeit mit hauptamtlichen SeelsorgerInnen wurde deshalb als Beispiel für therapeutische Seelsorge gewählt, weil hier solche Probleme in sehr augenfälliger Weise sichtbar werden, die sich in abgemilderter Form bei vielen Christen finden und auf typische Konflikte und Defizite der gängigen kirchlichen Sozialisation hinweisen.

Religiöse Abstinenz, um des Glaubens willen

Wenn ich also über therapeutische Seelsorge für Seelsorger und andere Christen schreibe, befinde ich mich in einem gewissen Dilemma, denn: Einerseits suchen mich religiös orientierte Menschen in der Regel auf, weil herkömmliche Formen seelsorglicher Begleitung sich als nicht mehr ausreichend erwiesen haben; deswegen erbitten sie ausdrücklich *psychotherapeutische* Hilfe, andererseits legen sie großen Wert darauf, daß ihr künftiger Therapeut selber Priester und Seelsorger ist. Natürlich mag man darin zunächst eine Abwehrhaltung entdekken, die sich gegen das Abenteuer einer Psychotherapie richtet oder diesen Wunsch als Ausdruck von unbewußten Größenphantasien werten, die sich auf einen allmächtig phantasierten Priester-Therapeuten beziehen. Ich werte das jedoch als einen berechtigten Wunsch, das religiöse Leben nicht von den psychischen Vorgängen zu trennen und beides als Einheit zu sehen.

Das ist das eine: Psyche und Religion gehören zusammen. Seelsorge und Psychoanalyse müssen keine Gegensätze sein. Das andere ist: Verantwortlich psychoanalytisch handeln kann nur der, der die Grenzen des Handwerks kennt und akzeptiert. So ist es aus therapeutischen Gründen oft notwendig, gerade bei religiös sozialisierten Menschen, in der Therapie eine gewisse Abstinenz in religiösen Fragen an den Tag zu legen. Auf jeden Fall ist es wichtig, beides zunächst einmal zu trennen und nicht voreilig zu vermischen. Ich selbst habe diesen Konflikt derzeit so gelöst: Von meiner Grundidentität als Theologe her verstehe ich meine psychoanalytische Arbeit als Seelsorge[3], wenngleich ich in der Praxis keine ausdrücklich seelsorglich-religiösen Handlungen, wie etwa Gebet oder Sakramentenspendung vornehme.

Eine 54jährige Frau, von Beruf Krankenschwester, kommt wegen Depressionen zur Therapie. In einer der ersten Sitzungen bittet sie mich, ihr doch im Laufe des therapeutischen Prozesses hin und wieder die Beichte abzunehmen. Da ich Priester sei, ließe sich das ja gut machen, und ich würde sie dann ja immerhin sehr gut kennen durch die therapeutische Arbeit. Einem solchen Ansinnen nachzugeben unter der Rücksicht, daß durch die Einheit von religiösem und therapeutischem Tun die Seelsorge gerade jene Tiefe und Wirksamkeit erreiche, die man sonst im Alltag so oft vermißt, wäre ein schwerer Kunstfehler. In einem solchen Fall verweise ich regelmäßig an einen anderen Priester bzw. arbeite den Wunsch nach Beichte analytisch durch. Oftmals erweist es sich als sinnvoll zu raten, während der Therapie ganz auf die Beichte zu verzichten. Bei dieser Klientin war es z. B. wichtig, im Laufe ihrer Therapie erst einmal instand gesetzt zu werden, um wirklich schuldfähig sein zu können. Ihre Depressionen waren nämlich der zum Scheitern verurteilte Versuch, doch lieber in kindlicher Abhängigkeit zu verharren. Ihre Beichten standen im Dienst der Depression; sie ermöglichten es ihr, abhängig zu bleiben und keine Verantwortung für sich selbst übernehmen zu müssen.

Das Absehen von religiösen Handlungen gerade in der Therapie von religiösen Menschen entspringt also nicht aus der Ablehnung des religiös-rituellen Tuns, sondern umgekehrt: Der Verzicht ist Ausdruck einer hohen Wertschätzung religiöser Vollzüge. Wenn jedoch der Keller des Hauses nicht in Ordnung ist und die Fundamente wackeln, ist es unsinnig, das Wohnzimmer schon einrichten zu wollen! Das Ziel religiösen Lebens darf nicht der Ausgangspunkt sein, gerade Seelsorger brauchen um ihrer religiösen Identität willen einen Raum, indem sie in gewisser Weise religionslos sein dürfen, nur ihren Wünschen und Ängsten ausgeliefert, sozusagen ohne Filter.[4] Das gilt natürlich auch für andere religiöse Menschen. Man kann es beinahe nur paradox formulieren: Damit in der Seele eines Seelsorgers Psyche und Religion zusammenwachsen und eine Einheit bilden können, bedarf es zunächst eines Rahmens, in dem Psychotherapie und Seelsorge getrennte Wege gehen: Integriert werden kann nur, was eine eigene Identität hat. Nur unter dieser Voraussetzung können die folgenden Gedanken richtig verstanden werden.

Der Ausgangspunkt: Der innere Zusammenhang von Psyche und Religion

Wir haben heute Mühe, das wieder zusammenzubringen, was seit der Aufklärung – vorbereitet durch die Zerstörung des goldenen Kalbes als der anschaulichen Seite Gottes (vgl. Kapitel 1) – auseinandergetreten ist: Glaube und Erfahrung, Gottfindung und Selbstfindung, Religion und Psyche. Um die Plausibilität des Glaubens vor dem Forum der kritischen Vernunft zu bewahren, mußte er in den geschichtlichen Prozessen der europäischen Aufklärung als eine ganz andere, eben mit der Erfahrung des Menschen nicht einzuholende Wirklichkeit ausgesagt werden. Glaube wurde zur abstrakten Offenbarung[5], herausgelöst aus ihrem Wurzelgeflecht in der Seele des Menschen. Diese unselige Spaltung bringt das in einen Gegensatz, was ursprünglich eine spannungsreiche Polarität bezeichnet, auf jeden Fall eine Einheit bildet nach dem Modell einer Ellipse mit zwei Brennpunkten. Durch die moderne psychoanalytische Entwicklungspsychologie wissen wir, daß es keine gesonderte Quelle religiösen Erlebens jenseits der psychischen Struktur gibt. Das religiöse Erleben ist vielmehr integraler Bestandteil in der Entstehung der Persönlichkeit. Der Entstehungsprozeß der Psyche als fortschreitender Organisierungsprozeß[6] läßt sich als Heranbildung der Symbolfähigkeit verstehen: Mit Hilfe erster Übergangsobjekte verschafft sich das Kind den Glauben, trotz der fortschreitenden Individuation, die immer Loslösung von der Mutter ist, mit einem schützenden und tragenden Grund verbunden zu bleiben.[7] Dieser »dritte Bereich« der Übergangsobjekte und Protosymbole ist jene Wirklichkeit zwischen innen (psychische Welt) und außen (reale Welt), in der Kreativität, Kunst und Religion sich entfalten und den Menschen bewahren vor einem Rückfall ins psychotische Chaos oder vor einem völligen Angepaßtsein an die äußere Welt. In Kapitel vier haben wir die Entstehung des symbolischen Denkens als Voraussetzung für die Überwindung der fundamentalistischen Haltung beschrieben. Hier nun geht es um einen weiteren Aspekt: nämlich um das Ineinander von ersten religiösen Erlebnisformen und psychischer Strukturbildung.

Dieses Ineinander findet seine theologische Entsprechung in der biblischen Einheit von Offenbarung Gottes und der Konstitution von Subjekten. Die Offenbarung Jahwes im Exodus ist gebunden an den Prozeß der Subjektwerdung des Volkes Israels. Indem sich das Volk Israel aus der Verschlingung mit dem ägyptischen Volk löst und nach Bestehen zahlreicher Gefahren das gelobte Land, also den Zustand einer neuen Identität, erreicht, erfährt es, wer Jahwe ist: ein Gott, der die Befreiung des Volkes will und den Prozeß der Volkwerdung vorantreibt wie

Eltern, die ihrem Kind bei der Selbstwerdung beistehen. In Jesus selbst findet dieses Interesse Gottes am Subjekt seinen stärksten Ausdruck: Er holt Menschen aus der tödlichen Isolation und Fixierung zurück in einen Lebenszusammenhang, der sie gesund und heil macht. Indem Menschen so heil werden, wissen sie, wer Gott ist: Er kommt nicht jenseits dieser heilenden Begegnung vor, sondern ist in ihr. Wer nun selbst im Namen Jesu – als Seelsorger etwa – anderen bei ihrer Heilung und Selbstwerdung beistehen will, kann das nur tun, wenn er sich selbst den Prozessen des Lebens aussetzt und seine eigene Entwicklung als eine lebenslange Aufgabe akzeptiert. Daraus ergibt sich also eine vorrangige Perspektive für Seelsorge:

Das Ziel: Ein ganzer Mensch werden, um Christ zu sein

Das wichtigste Instrument, mit dem ein Mensch das Evangelium aufnimmt und versteht, ist seine eigene Lebensgeschichte mit aller ihr innewohnenden Dramatik und Dynamik. Deshalb ist für jeden Christen und in besonderer Weise für den Seelsorger und die Seelsorgerin die »Arbeit« an der eigenen Menschwerdung unabdingbare Voraussetzung, um Christsein und Seelsorge zu lernen. Psychologisch sprechen wir von Individuation, welche einen Prozeß beschreibt, der teils bewußt erlebt und gestaltet wird, teils als unbewußter Wachstumsprozeß verläuft. Sie ist nie Ergebnis, sondern Ereignis im Sinne eines Prozesses, der niemals endet. Allerdings ist er von vielen Hindernissen und Hemmnissen begleitet, die zu Fixierungen führen und das Leben zum Stillstand bringen können. Diese haben ihre Wurzel in der Regel in ungelösten Konflikten der Kindheit, die unbewußt fortbestehen und das Leben trotz aller willentlichen Anstrengung in eine Richtung treiben, die eher von Abwehr und Rückzug als von Auseinandersetzung und Voranschreiten geprägt ist. Solche unbewußten Konflikte schwächen das Ich und lassen es eher angstvoll Zuschauer sein, an dem das Leben vorbeifließt. Wie aber kann ein Mensch andere ins Leben führen, wenn er selbst diesem Leben skeptisch und voller Angst gegenübersteht? Seelsorge für Seelsorger hat vor allem diese Aufgabe zu erfüllen: Menschen, die oft mit hohem Anspruch und großen Worten »verkünden und heilen« (vgl. Lk 9,2) als ihre wichtigste Aufgabe angeben, selbst dem Leben zurückzugeben und zu den Schritten zu befähigen, die unsere Menschwerdung ausmachen.

In der Psychotherapie von Seelsorgern und religiös erzogenen Menschen fällt immer wieder auf, daß grundlegende Funktionen menschlichen Daseins nur defizitär entwickelt sind.[8] Seelsorger haben oft nicht das Gefühl, lebendige Menschen zu sein, sondern erleben sich abhängig von Erwartungen anderer, haben eher das Gefühl, gelebt zu werden, als selbst »offensiv« zu leben. Ihre zwischenmenschlichen Beziehungen sind vielfach auf amtliche Kontakte beschränkt, ein echter Raum menschlicher Intitmität ist ihnen verschlossen. Ihre Arbeit empfinden sie häufig als frustrierend, kaum als produktive Teilhabe an der Schöpfung Gottes. Neue Lebensmöglichkeiten zu realisieren, ist ihnen nur schwer möglich, weil sie nur wenig soziale Phantasie entwickeln angesichts des selbst erzeugten Arbeitsdrucks. Ihre Lebensform ist letztendlich eher das Zugeständnis an die Gegebenheiten und nicht Ausdruck schöpferischer Integration. Andererseits sind Seelsorger und engagierte Christen oft Menschen, die über viel schöpferisches Potential verfügen, das aber leider oft brach liegt. Deshalb zeige ich im nächsten Schritt Wege auf, wie dieses Potential aktiviert und belebt werden kann und wie Menschen vom »Überleben zum Leben«[9] finden können.

Der Weg: Leben im entwicklungsfördernden Milieu

Das Setting

Wenn ein Mensch wachsen und sich entwickeln soll, bedarf es eines bestimmten Klimas, eines Raumes, in dem jenseits aller Zensur und Kontrolle ein Mensch lernen kann, sich und seinen inneren Impulsen mehr zu trauen als dem, was andere von ihm erwarten. Der bekannte Kinderanalytiker Winnicott hat die fördernde und haltende Umwelt als den entscheidenden Faktor für Wachstum und Entwicklung herausgestellt. In der psychoanalytischen Therapie bildet das sogenannte »Setting« den Rahmen, in dem inneres Wachstum zustande kommt. Das Setting ist gekennzeichnet durch eine verläßliche und stabile Struktur, die es dem Patienten ermöglicht, ohne Sorge um Verlust der therapeutischen Beziehung, die zunächst mütterlich-haltenden Charakter hat, sich dem zu stellen, was in seiner Seele bisher kein Lebensrecht hatte. Die Verläßlichkeit des äußeren Rahmens ist, wie die Psychotherapieforschung bestätigt, ein ganz wichtiger heilender Faktor. Dazu kommt die Person des Analytikers. Die Beziehung zu ihm ist zugleich Medium und Instrument innerer Wachstumsprozesse. Es ist eine Beziehung ganz eigener Art: Einerseits bleibt der Analytiker distanziert, er achtet die Autonomie des Patienten und bleibt selbstverständlich beim »Sie« in der Anrede. Er verzichtet auch darauf, mit dem Patienten etwas anderes zu tun als zu sprechen oder ihn gar mit eigenen Problemen zu konfrontieren. Andererseits ist die Beziehung äußerst nah und intim, weil über das gesprochen werden kann und soll, was in der normalen Alltagssituation exkommuniziert wird: die Träume und inneren Bilder, die Phantasien und geheimen Wünsche, die mit Angst und Scham besetzt sind. Die analytische Situation ist also getrennt und intim zugleich, so daß man von einem »Zustand intimer Trennung« oder von »getrennter Intimität«[10] sprechen kann.

Entwicklungsdefizite

Therapeutische Seelsorge kann von diesem analytischen Setting einiges lernen: den Respekt vor der Subjektivität des Klienten, die Höherbewertung des Individuellen vor dem Kollektiven, die Bevorzugung des Persönlichen vor dem Amtlichen, aber auch die Bedeutung von klaren Strukturen und Grenzen. Besonders für Seelsorger ist das wichtig, da diese in der Regel Menschen sind, die von ihrer Persönlichkeitsstruktur und ihrer kirchlichen Sozialisation her nicht immer genug Respekt vor ihrer eigenen Persönlichkeit, ihren Wünschen und Ängsten erfahren haben. Sie sind oft in einem kirchlichen Milieu aufgewachsen, in dem das Persönliche als Subjektivismus verdächtigt wurde und in dem die Unterordnung unter vorgegebene Regeln oft das einzige Kriterium ihrer Berufung war. Oft haben sie die Kirche in ihrem eigenen Werdegang nicht als freundliche, ihre Autonomie fördernde Mutter erlebt, sondern eher als einschränkende, identitätsverbietende Instanz, in der sich ein negatives, verschlingendes Mutterbild konstelliert.

Ein 50jähriger Ordenspriester hat seinen Vater im Krieg verloren und ist mit Mutter und Tante in ärmlichen Verhältnissen aufgewachsen. Eine wohlhabende »Wohltäterin« hat ihm den Besuch eines kirchlichen Internates ermöglicht, welcher schließlich zum Theologiestudium und zum Priesterberuf führte. Die ersten Jahre nach seiner Priesterweihe verbrachte er in großer Nähe zu seiner Mutter, der er sich in tiefer Dankbarkeit verbunden fühlte. Der nach außen freundlich und gutmütig wirkende Priester suchte therapeutische Hilfe auf, als er sich in sexuelle Probleme verstrickt hatte, die seine Berufsausübung gefährdeten.

Dieser Priester hat früh gelernt, sich dankbar fühlen zu müssen, da sowohl Mutter und Tante große Opfer brachten, damit er sein Berufsziel erreichen konnte, als auch seine Ausbildung von einer »Wohltäterin« finanziert wurde. Diese »Dankbarkeit« führte zur völligen Verleugnung eigener Bedürfnisse und Wünsche; solche überhaupt zu haben, erschien ihm bereits als Frevel. Alle autonomen Strebungen konnten nur als Undankbarkeit seinen »Wohltätern« gegenüber erlebt werden und mußten verdrängt werden. Ein Leben in Anpassung ließ sich solange durchhalten, bis der innere Konflikt zwischen seinen Autonomiewünschen und seiner Unterordnungsbereitschaft manifest wurde. Wie immer in solchen Fällen, kann keiner der beteiligten Personen eindeutig eine Schuld zugewiesen werden, denn alle haben aus »edlen Motiven« gehandelt. Und doch hat sich dadurch eine Situation hergestellt, die für die eigene Persönlichkeitsentwicklung krankmachend wirkte. Vermutlich ist diese Sozialisation typisch für viele Seelsorger: Sie wachsen auf in einem Milieu, in dem nicht nur die Entfaltung der Persönlichkeit wenig gilt, sondern deren Nichtzustandekommen durch spirituelle Rationalisierungen (»Gehorsam«) überhöht wird.

In einem solchen subjektivitätsfeindlichen Klima (»die Gemeinschaft ist wichtiger als der einzelne«) kann auch kaum eine Fähigkeit erworben werden, die für die Ausübung von Seelsorge jedoch von zentraler Bedeutung ist, und zwar sowohl für den Seelsorge-Suchenden als auch für die Psychohygiene des Seelsorgers selbst: die Fähigkeit, mit Grenzen flexibel umgehen zu können. Der Seelsorger muß z.B. im Kontakt mit einem depressiv strukturierten Hilfesuchenden klare Grenzen setzen können, die sich auf die Gesprächszeit (in der Regel maximal eine Stunde) als auch auf die Bereitschaft, gegebenenfalls an Fachleute zu delegieren, bezieht. Diese Fähigkeit, sich abzugrenzen, setzt eine Persönlichkeit voraus, die sich selbst achtet und ohne Schuldgefühle »nein« sagen kann in Ausübung des seelsorglichen Berufs. Andererseits gibt es für den Seelsorger Situationen, wo er seine üblichen Grenzen erweitern muß, um Menschen gerecht zu werden, etwa im Kontakt mit den sogenannten kirchlich Distanzierten. Die hier skizzierte Grundkompetenz heißt also: flexibler Umgang mit den eigenen Ich-Grenzen: situativ offen und abgegrenzt sein können. Solche Fähigkeiten können nur gelernt werden, wenn ein Mensch in einem Klima gelebt hat, in dem er offen sein durfte und sich ohne Schuldgefühle abgrenzen konnte. In der Regel ist es die Gruppe, in der ein Mensch lernen kann, Kontakt zu seinen eigenen Ich-Grenzen zu bekommen und damit für sich befriedigend umzugehen. In meiner Praxis sind es fortlaufende analytische Therapie- und Selbsterfahrungsgruppen, die ein subjektivitäts- und wachstumsfreundliches Milieu darstellen; es können aber auch Supervisions- und Praxisbegleitungsgruppen sein, wie sie Seelsorgern in steigendem Maße zu Verfügung gestellt werden seitens der kirchlich Verantwortlichen.

Die Erweiterung und Formung der eigenen Seelsorger-Persönlichkeit hängt natürlich von den unterschiedlichen kirchlichen Lebenswelten ab, in denen Seelsorger groß geworden sind: Ein vorkonziliar sozialisierter Pfarrer hat andere Wachstumsdefizite als ein während der Aufbruchphase des Konzils ins Seminar eingetretener Student. Dieser wiederum unterscheidet sich von einem jungen »postmodernen« Kaplan der 80er Jahre. Aber: Was sich äußerlich unterscheidet, weist doch in der Tiefe in etwa gleiche Strukturen auf. Daher möchte ich drei Aspekte betonen, die ich aufgrund meiner psychoanalytischen Arbeit mit Seelsorgern als besonders wichtig für heilende Seelsorge ansehe:

Die Arbeit an der »Geburt des Selbst«

Der christliche Glaube bietet in seiner Symbolik ein ganzes Spektrum von Bildern, die den Vorgang der »Geburt des Selbst« zur Anschauung bringen: die Rettung Israels am Schilfmeer, die Wiedergeburt des Jona aus dem Bauch des Fisches, die Geburt des göttlichen Kindes aus der Jungfrau, die Auferstehung des gekreuzigten Jesus aus dem Grab, um nur einige zu nennen. Seelsorger haben diese »Ereignisse« zu verkünden, so daß sie von anderen Menschen als relevant für ihr Leben und ihre Selbstwerdung angenommen werden können. Der in Kapitel drei beschriebene Bilderverlust vieler Menschen und die beklagenswerte Tatsache, daß viele Zeitgenossen die produktive Kraft religiöser Symbole nicht mehr für ihr Leben erfahren, hat manche Ursachen, von denen eine ganz sicher die ist, daß Christen und Seelsorger selbst keine Vorstellung (mehr) davon haben, wie die alten »Bilder des Heils« in ihrer eigenen Seele verankert sind. Wer selbst nie gelernt hat, die eigene Selbstwerdung mit all ihren Konflikten ernst zu nehmen und sich dabei in Ereignissen der Heilsgeschichte aufgehoben zu wissen, der kann den Glauben nur äußerlich verkünden, ohne selbst angerührt zu sein von dessen Bedeutung für die eigene Menschwerdung.

Aufgrund der oben beschriebenen Sozialisationsbedingungen haben viele kirchlich geprägte Menschen den Kontakt zum eigenen, »wahren Selbst« verloren.[11] Statt dessen sind sie – als Seelsorger etwa – bereit, pastoral zu funktionieren und den Seelsorgebetrieb in Gang zu halten. In der Tat: Wer selbst-los geworden ist, der ist kalkulierbar, gut einplanbar in Seelsorgestrategien, die eher aus der Angst vor Verlust kirchlicher Präsenz in der Gesellschaft geboren sind als aus einem inneren Angerührtsein von der Kraft der Bilder des Glaubens. Diese Bilder fördern das Entdecken des »wahren Selbst«: Es bildet sich in einem mystischen Freiraum der Subjektivität – jenseits dogmatischer oder amtlicher Kontrolle. Ebenso wie die Glaubensbilder ist das »wahre Selbst« in gewisser Weise subversiv – und gerade darum kreativ. Und solche kreativen Seelsorger hat die Kirche dringend notwendig, Seelsorger, die keine Angst haben vor Menschen, die z.B. die neuzeitlichen Freiheitsrechte längst für sich übernommen haben und oft mehr Selbststand besitzen als die Kirche ahnt. Wenn Seelsorger immer noch eine oft unbewußte Angst hegen vor der Individualität und Autonomie des einzelnen, dann ist es nicht verwunderlich, wenn die Menschen lieber ins Museum gehen, um mit der heilenden Kraft der Bilder und Symbole in Kontakt zu kommen, als einen Gottesdienst zu besuchen.

Solange gläubige Selbsthingabe und psychologische Selbstwerdung als Gegensatz verstanden wird, produziert Seelsorge eine Menge psychischen Leids. Theologiegeschichtlich erweist sich dieser Gegensatz als moderne Variante der Aufspaltung von Heil und Heilung infolge der Aufklärung. Nur wenn es ein psychologisch reifes und integriertes Selbst gibt, dann ist auch Selbsthingabe, Opfer, Verzicht und Solidarität als reife Glaubenshaltung möglich. Gerade die Solidarität mit den Hilfebedürftigen setzt die Geburt des eigenen Selbst voraus, sonst bleibt auch die Lebensform der sogenannten Evangelischen Räte eine neurotisierende kirchliche Abwehrstruktur. An deren Auflösung könnte heilende Seelsorge dadurch mitwirken, daß sie Menschen hilft, ihre eigene Lebensgeschichte durchzuarbeiten. Das bedeutet dann immer auch, daß jemand die notwendige Trauerarbeit darüber leistet, daß ihm vielfach seine Selbstwerdung durch äußere Einflüsse oder durch sein Schicksal erschwert wurde. Daraus resultiert oftmals eine Neuorientierung, eine Veränderung in den beruflichen Schwerpunkten und ein Wachstum im Feld der zwischenmenschlichen Beziehungen. Das beinhaltet u.a. auch die Durcharbeitung von unrealistischen Größenphantasien, die aus einer Zeit stammen, in der sich das von der Mutter loslösende Kind besonders klein und hilflos erlebt und diese Ohnmacht durch Allmachtsphantasien kompensiert.

Gerade der kirchliche Beruf eignet sich wie kaum ein anderer zur Besetzung mit narzißtischen Größenphantasien: Wer am hohen Ideal etwa des Priesteramtes teilhat, der ist mancher Schwierigkeiten enthoben, mit denen sich ein normaler Mensch herumzuschlagen hat. Es führt hier zu weit, um auf das Schicksal des Narzißmus im Leben vieler Seelsorger einzugehen[12]; ich möchte nur noch die positiven Ergebnisse nennen, die sich einstellen, wenn das narzißtisch gefährdete oder gestörte Selbst die Gelegenheit bekommt, in einem heilenden Raum sich zu wandeln. Heinz Kohut, einer der bekanntesten Narzißmus-Forscher und Begründer einer Selbst-Psychologie, nennt folgende Fähigkeiten als Resultat eines »gestalteten Narzißmus«: Einfühlung, Kreativität, Humor und Weisheit und die Fähigkeit, die Begrenztheit des Lebens zu ertragen.[13]

Solche genuin seelsorglichen Kompetenzen und religiösen Fähigkeiten zu fördern und sich entwickeln zu helfen, ist Aufgabe einer heilenden Seelsorge, die freilich zuerst die Seelsorger und Seelsorgerinnen an sich selbst erleben müßten.

Die Arbeit am Über-Ich

Der oben skizzierte Fall des 50jährigen Pfarrers läßt sich auch unter dem Gesichtspunkt des Über-Ich anschauen. Das Über-Ich ist die Instanz im psychischen Apparat, welche die Verbote, Normen und Regeln der wichtigsten Beziehungspersonen enthält. In vielfachen Prozessen der Identifizierung und Verinnerlichung sind sie Bestandteil der Psyche geworden und haben den Entfaltungsraum des Ich geschützt oder eingeschränkt. Besonders Seelsorger neigen aufgrund ihrer spezifisch kirchlichen Ausbildung, die oft in der Kindheit grundgelegt wurde, dazu, ein starres, strenges und einschränkendes Über-Ich auszubilden, welches von ihnen ständige Unterwerfung fordert. Psychologisch gesehen löst ein Mensch den Konflikt mit einem solch strengen Über-Ich dadurch, daß er sich seinen Forderungen unterwirft, oft unter Preisgabe seiner eigenen vitalen Bedürfnisse.[14] Es kann sich weder ein reifes Gewissen noch ein integriertes Selbst entwickeln. So kommt es, daß ein unter der Herrschaft eines tyrannischen Über-Ichs stehender Seelsorger ständig gezwungen ist, sich entweder demutsvoll dem inneren Herrscher zu unterwerfen oder selbst als Herrscher aufzutreten und andere zu versklaven. Klaus D. Hoppe, ein auf Kleriker-Psychotherapien spezialisierter amerikanischer Analytiker, kennzeichnet den daraus resultierenden Habitus so: »Solange sich Selbst-Versklavung als Demut tarnt, bleibt der Augenaufschlag zu Gott Selbstvergötterung.«[15] Das für einen sich religiös bezeichnenden Menschen besonders Tragische eines tyrannischen Über-Ichs ist der Umstand, daß er eigentlich nie zu echter Schuld fähig ist – von der er jedoch so oft redet. Auch dazu ein Fallbeispiel:

Eine 49jährige Ordensschwester kommt in Therapie wegen schwerer Depressionen, die sie völlig arbeitsunfähig machen in ihrem gelernten Beruf als Lehrerin. Sie ist in einer bäuerlichen Großfamilie aufgewachsen, in der die eigenen Bedürfnisse der Kinder nicht nur nichts zählten, sondern offen abgewertet wurden. Nur die Arbeit auf dem Hof, zu der die Kinder schon früh herangezogen wurden, galt etwas in den Augen der Eltern. Schon bald wurde die so erlernte Anspruchslosigkeit des jungen Mädchens zu ihrer zweiten Natur, und der Weg zum Eintritt in einen Orden war beinahe vorprogrammiert. Hier erhielt ihre Verzichtshaltung eine höhere Weihe, welche ihr nach Art des sekundären Krankheitsgewinns eine vorläufige narzißtische Aufwertung zukommen ließ. Die Brüchigkeit eines solchen Arrangements zeigte sich erst dann, als nach der Trennung aus einer Beziehung zu einem Mann die Depression durchbrach.

Diese Depression war gekennzeichnet durch heftigste Scham- und Schuldgefühle, die trotz häufiger Beichten nicht weniger wurden, obwohl sich die Schwester äußerlich nichts zu schulden kommen ließ. Die depressiven Schuldgefühle waren also der Kompromiß zwischen den Forderungen des Über-Ichs (bzw. Ich-Ideals, einer Vorstufe des Über-Ichs), anspruchslos sein zu müssen und den Ansprüchen des Ichs, die sich im verdrängten Wunsch nach Besitz, Selbststand und sexueller Beziehung zu einem Mann durchsetzten. Im analytischen Prozeß mußten diese verschütteten Wünsche unter großen Mühen ausgegraben werden und konnten dann bearbeitet werden: Auf einige Wünsche mußte realistischerweise verzichtet werden, andere konnten befriedigt werden. Wichtig ist bei solchen analytischen Wegen, daß die vergessenen Wünsche bewußt werden dürfen und so ihre geheime und gefährliche Macht verlieren. Im Laufe der Therapie nahmen die Schuldgefühle der Schwester ebenso ab wie die Arbeitsstörungen, jedoch eckte sie dafür in ihrem Orden mehr und mehr an, sie ließ sich nicht mehr alles gefallen und war nicht mehr bereit, immer zurückzustecken. Das Beeindruckendste für mich war, daß diese Schwester am Ende ihrer Therapie bemerkte, jetzt zum ersten Mal richtig beichten zu können. In der Tat:

Schuldfähig zu werden, ist ein Ziel im therapeutischen Umgang mit kirchlichem Personal.

Nur wo kindliche Scham- und Schuldgefühle überwunden werden, wo also ein Mensch lernt, sich selbst wichtig zu nehmen und den Gegebenheiten eines erwachsenen Lebens nicht auszuweichen, da kann er echte Schuld erleben. Theologisch gesprochen, wäre die Vermeidung von Schuld im Sinne eines Beharrens in der wunsch- und konfliktlosen Welt des Paradieses die eigentliche Sünde. Die Arbeit am Über-Ich ist für das Konzept heilende Seelsorge ein zentraler Punkt. Denn im Gegensatz zu vielen säkularen Zeitgenossen verfügen religiöse Menschen aufgrund ihrer Teilhabe an kirchlichen Sozialisationsprozessen mit hoher normativer Aufladung über ausgeprägte Über-Ich-Strukturen. Die Umwandlung eines tyrannischen inneren Herrschers in einen freundlich-schützenden Weggefährten gelingt aber nur dann, wenn der Therapeut/Berater/Seelsorger selbst als ein besseres, d. h. milderes und freundlicheres Objekt zu Verfügung steht und von Klienten und Seelsorge-Suchenden in seinen gewährenden und gütigen Aspekten verinnerlicht werden kann. Es ist unverantwortlich, einfach nur das Über-Ich zu zerstören, ohne die Gelegenheit zu bieten, daß etwas Neues an der Stelle wachsen kann, wo Altes aufgegeben wurde.

Die Arbeit an der Symbolfähigkeit

Um den Weg zum eigenen Selbst und den Weg der Befreiung vom inneren Tyrannen zu beschreiten, braucht es nicht nur Menschen, die mitgehen, es braucht auch Sinnbilder gelungenen Lebens. Die jüdisch-christliche Überlieferung ist nicht nur angereichert mit solchen Sinnbildern, sie ist selbst ein solches Symbolsystem, in dem Entwürfe gelungenen und wahren Lebens anschaubar werden. Die Fähigkeit, die eigene Menschwerdung in solchen Symbolen auszudrücken und sich von ihnen antreiben zu lassen, ist jedoch nicht angeboren. Sie muß vielmehr erworben werden in einem recht störanfälligen Prozeß.[16]Der Erwerb der Fähigkeit zum persönlichkeitsrelevanten Umgang mit Symbolen ist immer an einen kommunikativen Raum gebunden und wächst oft erst im Prozeß einer intensiven Beziehung therapeutischer oder seelsorglicher Art. Für den Christen und besonders für den Seelsorger bildet die Kompetenz, mit Symbolen zu leben, die Basisvoraussetzung für religiöses Erleben überhaupt. Wo die Symbolisierungsfähigkeit, also das Vermögen, innere Wünsche und Konflikte in äußeren »Dingen« zur Darstellung zu bringen und umgekehrt, äußere Dinge auf das psychische Leben zu beziehen, gestört oder nicht entwickelt ist, da kann es psychologisch gesehen nicht zum religiösen Erleben kommen.

In der Tat ist es oft tragisch bis grotesk zu sehen, wie Seelsorger die Welt der Symbolik und des Rituals, zu deren Betreuung und Pflege sie amtlich bestellt sind, etwa im Bereich der Liturgie, behandeln, nämlich wie ein Ding der äußeren Wirklichkeit, so, als würden sie einen Computer bedienen (vgl. dazu Kapitel 5). Sie verfügen in der Tat oft nicht über die Gabe, sich selbst, ihren Lebensweg, ihre Wünsche und Konflikte in den Symbolen des Glaubens aufgehoben zu sehen. Sie sind ihnen entfremdet. Der Grund dieser Desymbolisierung[17] liegt jedoch nicht an den Symbolen selbst, sondern in der mangelnden Selbst- Erfahrung, in der Geringschätzung und oft religiös rationalisierten Abwertung des eigenen Selbst, wie sie oben geschildert wurde. Symbole setzen jedoch Selbst-Erfahrung, individuell und kollektiv, voraus. Daher kann die Fähigkeit zur Symbolisierung nicht aus Büchern oder Symbollexika gelernt werden, sie bedarf vielmehr eines Raumes der Selbst-Begegnung im Horizont der eigenen Lebensgeschichte und der intensiven Begleitung mit anderen Menschen. Damit sich also Seelsorger die von Stenger geforderte Kompetenz, »botschaftsbezogen mit Symbolen umzugehen«[18], aneignen können, bedarf es eines Erfahrungsraumes, in dem sie Kontakt bekommen mit ihren Wünschen und Sehnsüchten, ihren Ängsten und Konflikten und sich dabei eben nicht allein wissen, sondern aufgehoben, zunächst in einer Therapie- oder Supervisionsgruppe, in Freundschafts- und Kollegenbeziehungen, aber auch im überindividuellen Zusammenhang jener Menschen, die am gemeinsam geteilten Symbolsystem partizipieren. Nur wenn SeelsorgerInnen die Möglichkeit haben, ihr eigenes Leben als eine ständige Entwicklungsaufgabe zu begreifen im Kontext eines lebenstiftenden Glaubens, dann können sie selbst zum Leben anstiften und glaubwürdig jenen Gott bezeugen, der die Mächte des Todes überwunden hat.

In solcher Weise ausgebildete und »entwickelte« Seelsorger können heilende Seelsorge ausüben und dabei auf den ganzen Reichtum der Liturgie und ihrer Symbolik zurückgreifen. Die dazu notwendigen Schritte sind in den Überlegungen zur Bilderpastoral im letzten Abschnitt von Kapitel 3 und im Kapitel 5 dargelegt worden.

Kapitel 8: Ein Glaube, der nicht überfordert

Viele Menschen erleben ihren Glauben wie einen inneren Antreiber, der von ihnen etwas fordert, das oft über ihre Kräfte geht. Solche ständigen Überforderungen sind aber im Bereich des Glaubens besonders schädlich, weil dieser ja gerade vom Zwang der Leistung befreien und zu einem erlösten Dasein führen will. Heilende Seelsorge sucht deshalb zu verstehen, wie es kommt, daß sich gerade im Bereich der Religion unheilvolle Ansprüche, Ideale und Forderungen einnisten. Es geht dabei nicht darum, den Anspruch des Evangeliums zu ermäßigen, das unseren alltäglichen Lebenserwartungen oft zuwiderläuft und so unser Leben in einer heilsamen Weise zu unterbrechen vermag. Vielmehr soll der krankmachende, neurotisierende Teil einer Glaubensform analysiert werden, der verhindert, daß das Evangelium produktiv in unser Leben eingreift. Dazu soll zunächst die Überforderung als ein allgemein-menschliches Phänomen betrachtet und von psychoanalytischer Seite her auf seine dem einzelnen oft unbewußte Tiefenstruktur befragt werden.

Überforderung als Symptom

Wir betrachten die Überforderungsproblematik, an der viele Menschen leiden und die gewöhnlich als »Streß« bezeichnet wird, wie ein Symptom, denn: Symptome haben Sinn, der Verstehen verlangt. Symptome sind nicht ohne Bedeutung, ihnen liegt eine Botschaft zugrunde, die zugleich verborgen und mitgeteilt werden soll. Ein Seelsorger z.B., der im Kreis seiner Kollegen über ständige Überforderung klagt, will also etwas mitteilen, das aber nicht direkt gesagt werden kann, weil es ihm selbst unbewußt oder weil es sozial anstößig ist. Ich verstehe das Überforderungssyndrom also als einen unbewußten Lösungsversuch der Psyche, einen Konflikt in einer für den einzelnen optimalen Weise zu lösen. Optimal heißt: Der einzelne findet einen Kompromiß zwischen seinen eigentlichen Bedürfnissen und Wünschen (z. B. faul zu sein, nichts zu tun, sich zurückzuziehen usw.) und seinen sozialen Anerkennungsbedürfnissen (z.b. ein fleißiger Seelsorger, ein ständig hilfreicher Partner, ein sorgender Vater usw. zu sein). Optimal heißt also, daß der einzelne im Hinblick auf seine Persönlichkeitsstruktur eine passende Lösungsmöglichkeit gefunden hat, die sein psychisches Gleichgewicht – wenn auch um einen hohen Preis – aufrechterhält. Optimal heißt nicht, daß es keine besseren Lösungen geben kann.

Anders gesagt: Trotz aller objektiv-soziologischen Gegebenheiten, die dazu beitragen, daß dem einzelnen etwa im Arbeitsleben viel und oft zu viel abverlangt wird, betrachte ich die Überforderung hier als etwas subjektiv Gemachtes, also unter dem Gesichtspunkt einer individuellen Abwehrstruktur. Erst wenn man diesen Anteil der Überforderungsproblematik ins Auge faßt und versteht, kann man Qualitäten und Fähigkeiten formulieren, die dem einzelnen im Bereich der Religion helfen, sich vor ständiger Überforderung zu schützen. Besonders für das Seelsorge-Personal können daraus wichtige Einsichten gewonnen werden für eine pastorale Psychohygiene, die in Zeiten weniger werdender Hauptamtlicher bei gleichzeitg zunehmender Arbeitsbelastung besonders dringlich scheint. Denn die Art, wie die Hauptamtlichen ihre Lebensführung gestalten, hängt viel von der Attraktivität des Glaubens für die Menschen in den Gemeinden ab. Ein ständig unzufriedener und über seine Arbeit klagender Pfarrer ist eben keine Identifikationsfigur für das, was das Evangelium in Aussicht stellt: »Seht euch die Vögel des Himmels an: Sie säen nicht, sie ernten nicht und sammeln keine Vorräte in Scheunen; euer himmlischer Vater ernährt sie« (Mt 6, 26). Deshalb wird auch in diesem Kapitel das Gemeinte verdeutlicht an der Überforderungsproblematik von Seelsorgern, weil sich bei ihnen die Problematik vieler Christen in überdeutlicher Form zeigt. In dieser Berufsgruppe verdichten und personalisieren sich viele Konflikte des Christentums in der modernen Welt.

Damit kein falscher Eindruck ensteht: Wer sich hin und wieder überfordert fühlt, erlebt einen normalen menschlichen Zustand. Pathologisch wird er erst dann, wenn er zum dominierenden Lebensgefühl wird. Die Rigidität des Überforderungsgefühls ist das Schädliche, Lebenseinschränkende und Krankmachende.

Psychodynamische Aspekte des Überforderungssyndroms

Leben gegen Lebensverbote

In meiner psychoanalytischen Arbeit begegne ich immer wieder Seelsorgern, die sich enorm gestreßt und ausgelaugt fühlen, obwohl sie eine Arbeit leisten, die eigentlich ein hohes Maß an Zufriedenheit und Erfüllung geben könnte, eine Arbeit, um die sie von vielen Menschen beneidet werden. Bei genauerer Analyse dieses Gefühls, ständig überfordert zu sein, stellt sich dann häufig heraus, daß es nicht aus einem Übermaß an Arbeit resultiert, sondern andere Ursachen hat. Vereinfacht gesagt, handelt es sich um innere Lebensverbote, die es dem einzelnen erst gar nicht erlauben, seine Arbeit als kreative Weltgestaltung zu erleben und daraus Lebensgenuß zu beziehen. Bildlich gesprochen, leben solche Menschen wie mit angezogener Handbremse, wobei sie gleichzeitig Vollgas geben. Sie glauben, durch ein Übermaß an Arbeit und oft unnötiger

Belastung endlich das ersehnte Lebensglück herbeizaubern zu können. Solange sie sich jedoch nicht mit den inneren Lebenshindernissen auseinandersetzen, geraten sie nur noch mehr hinein in diesen Teufelskreis der Überforderung. Die inneren Lebensverbote können sowohl Verbots- wie auch Aufforderungscharakter haben. Sie sind in vielschichtigen Prozessen der Identifizierung und Verinnerlichung Bestandteil der Psyche geworden und haben den Entfaltungsraum des Ichs in seiner Entwicklung zwar geschützt, aber zugleich auch eingeschränkt.

Psychoanalytisch sprechen wir vom Über-Ich als jener Instanz im psychischen Apparat, welche die Verbote, Normen und Lebensanschauungen der wichtigsten Bezugspersonen der Kindheit enthält. Besonders Seelsorger und andere engagierte Christen neigen aufgrund ihrer spezifisch kirchlichen Prägung, die oft in der Kindheit grundgelegt wurde, dazu, ein starres, strenges und rigides Über-Ich auszubilden, das ständige Unterwerfung von ihnen fordert – oft unter Preisgabe ihrer eigenen vitalen Bedürfnisse.[1] So kommt es, daß sich weder ein reifes Gewissen entwickeln noch ein integriertes Selbst bilden kann. Ein unter der Herrschaft eines tyrannischen Über-Ichs stehender Seelsorger ist dann ständig gezwungen, sich entweder dem inneren Herrscher mit seinen strengen Leistungsanforderungen zu unterwerfen oder selbst als Herrscher aufzutreten und andere zu versklaven. Letztlich bleiben auf diese Weise die Elternfiguren in ihren strengen und fordernden Aspekten innerpsychisch wirksam. Vor allem, wenn diese nur fordernd auftraten, können die daraus resultierenden ständigen Forderungen an sich selbst zu einem Fortbestand der frühen Elternbeziehung führen. Wer also diesen Figuren mehr gehorcht als den eigenen Impulsen, der gerät unweigerlich in den Kreislauf der Überforderung. Denn wenn er sich wirklich einmal den strengen Ansprüchen der verinnerlichten Autoritäten entzieht, entstehen Schuldgefühle, die nur durch erneute Leistungsbereitschaft abgewehrt werden können.

Ein ideales Selbstbild als innerer Antreiber

Überforderungsgefühle im Bereich des Glaubens können ihre Ursache nicht nur im strengen Über-Ich, sondern auch in einem idealen Selbst-Bild haben. Ein Mensch, der sich eigentlich ganz klein und hilflos fühlt, kann zur Abwehr dieser Ohnmachtsgefühle ein Selbstbild entwickeln, das dem gerade entgegengesetzt ist: Er phantasiert sich als stark und leistungsfähig. Er entwickelt also ein »falsches Selbst«[2], in welchem die wahren Bedürfnisse und Gefühle, z. B. schwach zu sein, gehalten und versorgt werden zu wollen, verleugnet werden müssen. Dieses Ideal, z. B. immer zur Verfügung zu stehen, wird zu einem Bestandteil der Charakterbildung des falschen Selbst, dessen Funktion in der Abwehr eines ganz frühen Basiskonflikts besteht. In der Streßforschung gibt es Hinweise darauf, daß die frühesten Konflikte in der Kindheit mit dem größten Streß verbunden sind.[3] Um welche Konflikte handelt es sich? Das früheste Bedürfnis des Kindes ist das nach Sicherheit, Versorgung und Gehaltenwerden. Man kann sich vorstellen, wie ängstigend und existentiell bedrohlich die Erfahrung sein kann, wenn seine Umwelt nicht hinreichend gut auf diese basalen Bedürfnisse reagiert hat. Um ein solches Offenbleiben grundlegender Sicherheitsbedürfnisse nicht wieder zu erleben, wird ein solchermaßen früh enttäuschter Mensch alles tun, um eine gefürchtete mögliche Wiederholung dieser Enttäuschung zu vermeiden. Zu diesen Abwehrstrategien kann u.a. auch die permanente Leistungsanforderung gehören, der ständige Impuls, aktiv zu sein, so daß der Gegenpol, die Entspannung und das Loslassen, aus einer frühen Angst heraus nicht gelebt werden kann. Es spricht viel dafür anzunehmen, daß Menschen, für die ein solcher Basiskonflikt zentral ist, dazu neigen, in helfenden Berufen tätig zu sein und einen Glauben zu entwickeln, der Nächstenliebe und Selbstlosigkeit fordert. In ihrer Bereitschaft, ständig anderen zur Verfügung zu stehen, inszenieren sie ihren Konflikt um Gehalten-werden-Wollen und zugleich Enttäuscht-worden-Sein. Im anderen, um den sich etwa ein Seelsorger kümmert, wird der beschädigte Teil des eigenen Selbst gefunden und sozusagen stellvertretend »erlöst«.[4] Dieses Helfen-Wollen und Anderen-zur-Verfügung-Stehen kann sich bis zur Sucht hin ausbreiten und in seiner Folge zwar zur Beruhigung archaischer Ängste führen, zugleich aber auch in den Kreislauf ständiger Überforderung hineintreiben.

Gestörter Realitätsbezug

Unter psychodynamischen Gesichtspunkten ist noch ein weiterer Aspekt zu beachten, der als These so zu benennen ist:

Der Überforderungsmensch leidet an einem gestörten Realitätsbezug, weil er die schmerzhaften Grenzen der Wirklichkeit magisch überspringt und einen Zustand vollkommenen Glücks wiederherstellen will.

Das klingt zunächst paradox: Leidet der Überforderungscharakter nicht gerade an zuviel Realität, müßte er nicht lernen, sich zurückzuziehen und sich wohliger Entspannung hinzugeben? Was von außen betrachet paradox erscheint, ergibt psycho-logisch einen Sinn: Gerade in seiner Arbeitssucht flieht er vor der Erfahrung der wohl unangenehmsten Tatsache unserer Existenz: daß es nämlich Trennung und Verlust, Einsamkeit und Tod gibt. Das fundamentale Streben menschlichen Handelns zielt darauf ab, jenseits dieser grausamen Natur einen besseren Bereich der Kultur zu schaffen, in dem die Illusion von Harmonie und Verbundenheit aufrechterhalten werden kann.[5] Freud bezeichnet das Akzeptieren schmerzhafter Realität als ein wesentliches Merkmal für die Beziehung des Ichs zur Realität.[6] Indem sich das sogenannte Realitätsprinzip entwickelt, nimmt das Bedürfnis nach unmittelbarer Bedürfnisbefriedigung ab. Impulse des Ichs müssen nicht mehr in unmittelbare motorische Aktion umgesetzt werden, sondern vertragen Aufschub: »Die notwendig gewordene Aufhaltung der motorischen Abfuhr (des Handelns) wurde durch den Denkprozeß besorgt, welcher sich aus dem Vorstellen bildet.«[7] Genau diesen Schritt der Ersetzung des Handelns durch Denken kann der Überforderungsmensch nicht vollziehen. Er ist ständig den Impulsen ausgeliefert, seine Motorik in Gang zu halten. Auf diese Weise vermeidet er die schmerzhafte Einsicht, daß die Realität leidvoll, weil begrenzt ist. Er bewegt sich insofern in der Sphäre des Magischen, weil er in omnipotenter Weise an der Illusion einer Welt ohne Grenzen von Raum und Zeit, ohne Trennung und Vergänglichkeit festhält.

Überforderung durch Totalidentifizierung

Die skizzierte Verleugnung von schmerzhafter Realität wird durch einen weiteren Abwehrvorgang bewerkstelligt, der sich vor allem bei kirchlichen Mitarbeitern findet, weil er hier ideologisch gefordert wird: die Totalidentifizierung mit dem Amt, dem Beruf, der Rolle, welche dann zur permanenten Überforderung führt. Sich identifizieren zu können, ist zunächst ein Aufbaumechanismus der Psyche: Am Beginn des Lebens braucht das Kind gute Objekte, mit denen es sich identifizieren und sie auf diese Weise in die eigene Psyche integrieren kann. Im späteren Leben können Identifizierungen immer nur Teilidentifizierungen sein, weil es dem Menschen nicht mehr vergönnt ist – außer um den Preis psychotischer Ich-Auflösung –, ganz und gar mit einem anderen Objekt (Menschen oder Institution) zu verschmelzen, um auf diese Weise dessen Qualität zu erlangen. Auf diesen magischen, primitiven Charakter der Identifizierung weist Freud hin, wenn er das Beispiel des Kannibalen erwähnt, der glaubt, die Stärke eines Feindes zu erwerben, indem er einen Teil von ihm ißt.[8] Zwar bildet diese magische Illusion einerseits die Grundlage von Gruppenbildung und kollektiver Identität, löst jedoch andererseits den Unterschied zwischen Subjekt und Objekt auf und sucht regressiv die Einheitswirklichkeit wiederherzustellen, indem die schmerzhafte Welt der Polarität rückgängig gemacht werden soll. Hinter der Versuchung der Totalidentifizierung etwa mit dem kirchlichen Amt verbirgt sich also eine Auffassung von Religion, die diese auf Sicherheit reduziert.[9] Diese Form der Vermeidung von eigener konflikthafter Identität, von selbstständigem In-der-Welt-Stehen, erfordert nun andererseits, auch die hohen ethischen Normen und Ansprüche der Institution sozusagen in persona zu vertreten. Da es jedoch heute den meisten Christen und Seelsorgern nicht mehr vergönnt ist, sich in eine kirchliche Sonderwelt zurückzuziehen, in der diese Normen fraglos gelten, ist er ständigen Konflikten ausgesetzt. Verfügt er jetzt nicht über die Fähigkeit zur Teilidentifizierung und Rollendistanz, führt das zu Dauerstreß und Überforderung.

Qualitäten und Fähigkeiten, die Überforderung vermeiden helfen

Kultivierung des »inneren Seelsorgers«

Jeder Seelsorger geht so mit den ihm anvertrauten Menschen um, wie er mit sich selber umgeht. Im Gegensatz zu vielen säkularen Zeitgenossen, verfügen Seelsorger aufgrund ihrer kirchlichen Sozialisation und deren hoher normativer Aufladung über ausgeprägte Über-Ich-Strukturen, die oft rigide leistungsorientiert sind. Dieser eingangs skizzierte tyrannische innere Herrscher bedarf der Kultivierung, damit er sich in einen freundlichen Weggefährten verwandeln kann.

Das ist die Aufgabe, die in vielfältigen Prozessen bewältigt werden will: In der Regel bedarf der Seelsorger selber eines Begleiters und Weggefährten, der in seinen gewährenden und milden Einstellungen verinnerlicht werden kann. Das kann eine langfristige Freundschaft sein, eine intensive Kollegenbeziehung, ein Supervisor oder Therapeut. Praxisbegleitung, Supervision, Beratung sind Möglichkeiten, die neben traditionellen Formen wie Exerzitien und geistliche Begleitung zunehmend mehr von Seelsorgern und anderen Christen in Anspruch genommen werden. Sie dienen in vorzüglicher Weise der Kultivierung der eigenen Ansprüche, die dann nicht mehr in Selbstüberforderung enden müssen. Die Fähigkeit, sich selbst ein guter Seelsorger zu sein, um andere Menschen zu einem erfüllten Leben zu führen, erwirbt ein Mensch niemals für sich allein. Da aufgrund der spezifischen kirchlichen Sozialisation in der Regel nicht davon auszugehen ist, daß Seelsorger ein freundliches Über-Ich in ihrer Erziehung erworben haben, bedarf es eines Erfahrungsraumes, in dem Seelsorger in Kontakt treten können mit ihren Wünschen und Sehnsüchten, ihren Ängsten und Konflikten, und sich dabei aufgehoben wissen in Beziehungen zu anderen Menschen, die ihnen erst einmal die Erlaubnis geben, all das auszudrücken, was sonst der Zensur des inneren Herrschers zum Opfer fällt. Oft ist es eine langfristige Gruppe der erwähnten Art, in der ein Seelsorger lernen kann, ohne Schuldgefühle offen zu sein und sich abgrenzen zu dürfen, eine Gruppe, die einen Raum darstellt, in dem sein darf, was ist.

Mut zum eigenen Selbst statt Gotteskomplex

Wie oben in Kapitel 7 beschrieben, haben religiös geprägte Menschen oft den Kontakt zum eigenen »wahren Selbst« verloren, den sie für eine befriedigende Arbeit so dringend brauchen. Statt dessen sind Seelsorger z.B. bereit, pastoral zu funktionieren und den Seelsorgebetrieb in Gang zu halten. Wer jedoch sich selbst ständig verleugnet – und das noch mit hohen Ansprüchen wie Aufopferung und Selbsthingabe rationalisiert –, kann auch andere nicht zum »wahren Leben« führen. Wenn die christlichen Lebensformen, etwa in Form der Evangelischen Räte, nicht zu einer neurotisierenden kirchlichen Abwehrstruktur verkommen sollen, bedarf es zunächst des Mutes zum eigenen Selbst. Dieses eigene Selbst ernst nehmen, hat nun nichts mit modischer Ich-Verwirklichung zu tun. Im Gegenteil: Es ist ein sehr mühsamer Prozeß, die eigenen Bedürfnisse, Fähigkeiten und Stärken zu entdecken und zu leben und zugleich die Grenzen zu akzeptieren, die das eigene Schicksal gesetzt hat. Deshalb erfordert dieser Prozeß immer auch Trauerarbeit. Der Weg zum eigenen Selbst ist immer auch ein Stück Abschied von Idealen und Größenphantasien. Gerade im religiösen Bereich können solche Größenphantasien gedeihen, weil es ja ein hohe Gratifikation gibt für den, der sich hohe Ideale zu eigen macht. Sein Selbstwertgefühl wird durch die Ausbildung eines idealen Selbstbildes gestärkt, und genau das ist das Verhängisvolle. Man kann bei Eugen Drewermann ausführlich nachlesen, wie das Kleriker-Ideal Menschen sich selbst entfremdet und abschneidet von ihren eigenen triebhaft-vitalen Wurzeln mit allen neurotisierenden Folge-Konflikten.

Das »Nein« in Glauben und Seelsorge

Gewöhnlich wird das Ja des Glaubens, die positive Zustimmung als der erste und wichtigste Schritt angesehen, den das Evangelium verlangt. Das Nein-Sagen wird eher als Verweigerung, als Distanzierung, als etwas Nicht-sein-Sollendes und Sündhaftes betrachtet.

Die Fähigkeit, nein zu sagen, kann jedoch nicht hoch genug bewertet werden, und zwar sowohl psychologisch als auch theologisch. Psychologisch geht jedem Ja ein Nein voraus.[10] Entwicklungspsychologisch lernt ein Mensch vor dem Jasagen das Neinsagen: Die positive Identifizierung baut auf der Fähigkeit des Abgrenzens auf.

Auch dem Ja des Glaubens geht eine Absage voraus: Dreimal wird der Täufling bzw. seine Eltern und Paten gefragt: Widersagst Du? Erst dann wird positiv nach der Zustimmung zum

Bekenntnis des Glaubens gefragt. Jesus selbst sagt dem Teufel in der Wüste bei seiner Versuchung dreimal nein, dann erst kann er das Ja zu seiner Messias-Sendung aussprechen und sich mit dem Auftrag des Vateres identifizieren. Diese wenigen Hinweise sollen deutlich machen, daß es beim Nein im Glauben und in der Seelsorge nicht nur um Psychohygiene geht, sondern um eine durchaus geistliche Dimension: Wer aus innerer Identität ja sagt, der muß vorgängig das Nein-Sagen-Können gelernt haben. Denn auch unser Glaubens-Selbst entsteht nur dadurch, daß sich Grenzen zur Welt errichtet haben, die einem Menschen das Gefühl geben, etwas Eigenes, einen kostbaren Schatz gefunden zu haben. Ein Glaube, der sich nicht in oberflächlichen Identifizierungen erschöpfen soll, sondern Tiefe besitzt und verwoben ist mit dem Wurzelgeflecht des eigenen Lebens, bedarf der vielfältigen konflikthaften Abgrenzung zu dem, was institutionell-kirchlich als wünschenswerte Glaubensgestalt angesehen wird.

Es bedarf besonders für Seelsorge einer solchen geistig-geistlichen Einstellung dem »Nein« gegenüber. Denn wer andere begleitet auf ihrem inneren Weg, für den ist eine Ich-Funktion ganz besonders wichtig: die Fähigkeit, sich abgrenzen zu können. Damit schützen wir den Kern unserer Persönlichkeit, indem wir durch die Öffnung oder Schließung unserer Ich-Grenzen bestimmen, welche Nähe und Distanz wir zu Menschen oder Aufgaben haben wollen. Diese Fähigkeit hat in unserer Lebensgeschichte ein wechselvolles Schicksal: Wenn das Kind mit Beendigung der oral-symbiotischen Phase etwa gegen Ende des ersten Lebensjahres seine eigene Welt zu entdecken beginnt, dann hängt es in hohem Maße von den begleitenden Personen ab, ob sie dem Kind die innere Erlaubnis geben, etwas im eigenen Recht zu tun und sich von der Vorherrschaft der Erwachsenen abzugrenzen, um die eigene Welt aufzubauen. Werden die Abgrenzungsschritte des Kindes jedoch mit Mißtrauen begleitet, kann im Kind der Eindruck geweckt werden, es täte etwas Unrechtes, wenn es etwas Eigenes unternimmt. Im späteren Leben hat ein solchermaßen erzogener Mensch Schwierigkeiten, sich durch ein Nein zu schützen und abzugrenzen, ja mitunter kann diese Fähigkeit aus Angst vor Schuldgefühlen ganz aufgegeben werden. Gerade wer sich etwa als Seelsorger anderen Menschen zur Verfügung stellt, braucht diese Fähigkeit, um nicht »aufgefressen« zu werden. Das Nein in der Seelsorge schützt also den Seelsorger vor Überforderung, und es entlastet auch die Menschen, die ihn in Anspruch nehmen. Wenn sie nämlich erleben, daß sich ihr Seelsorger selber durch ein Nein zurückzieht und schützt, können sie offener auf ihn zugehen und müssen nicht in falscher Weise Rücksicht auf ihn nehmen.

Alltagsstrukturen, die tragen

Arbeit kann Suchtcharakter annehmen. Anthropologisch gesehen, ist die Sucht ja eine Normalität: Der Mensch sucht das verlorene Paradies unaufhörlich, und er tut alles, um es sich zu verschaffen, d.h. einen Zustand relativer Spannungslosigkeit herbeizuführen. Für viele Menschen ist der Zustand zu arbeiten, d.h mit irgend etwas beschäftigt zu sein, angenehmer, als sich selbst ausgeliefert zu sein, d.h. das Alleinsein auszuhalten. Sie suchen Arbeit und können sich in ihr verlieren, um damit den Zustand unstrukturierten Lebens nicht ertragen zu müssen. Tatsächlich fällt es der Psyche schwer, eine unstrukturierte Zeit zu ertragen.[11] Deshalb unternehmen die Menschen alles, um die Zeit zu strukturieren, damit sie nicht in ein bedrohliches Loch fallen.

Sich vor Arbeitsüberforderung schützen heißt also, sich die Zeit so zu strukturieren, daß möglichst viele Ebenen berücksichtigt werden: Arbeit und Beziehung, Kultur und Sport, Freizeit und Studium. Wer glaubt, diese Bereiche ohne Strukturen leben zu können, wird vermutlich bald feststellen, daß er sich hoffnungslos überfordert. Es ist nämlich sehr anstrengend, immer das tun zu müssen, was man gerade will. Dann geht es uns so wie dem berühmten Kindergartenkind, das seine Erzieherin fragt: »Müssen wir heute wieder tun, wozu wir Lust haben?« Für SeelsorgerInnen, die ohnehin schon über eine recht unstrukturierte Arbeitszeit verfügen, ist es also oft hilfreich, sich die einzelnen Lebensbereiche in eine für sie optimale äußere Form zu bringen, ohne rigide zu werden! Das hat nichts zu tun mit zwanghaften Tagesritualen, wohl aber mit der Bereitschaft, sich selbst ernst zu nehmen und Anwalt eigener Bedürfnisse zu sein. Solche Strukturen helfen mitunter, sich zu schützen, gerade in Zeiten, in denen einem die Überforderung überhaupt nicht bewußt ist.

Kapitel 9: Heilung allein durch Bilder?

Bereits im dritten Kapitel ist der Verlust der Bilder im Christentum als eine Spätfolge der Zerstörung des goldenen Kalbes angesprochen und die Spaltung von Bild und Wort, Sinnlichkeit und Rationalität als ein ungelöster Konflikt der abendländischen Religion bezeichnet worden. Ebenso wurde auf die heilende Kraft der inneren Bilder hingewiesen wie auch auf ihre Gefährlichkeit und Ambivalenz. Dabei sollte deutlich werden, daß Bilder nicht einfach unschuldig sind, sondern Ausdruck innerer Konflikte und Ambivalenzen, dem eine zu entwerfende Bilderpastoral Rechnung zu tragen hätte.
In diesem Kapitel soll die heilende Kraft der Bilder für das grundlegende menschliche Bedürfnis nach Integration und Zusammenfügen noch einmal zum Thema werden. Dabei wähle ich die Form der Auseinandersetzung mit einigen Aspekten der Bildertheologie Eugen Drewermanns, denn in der Kritik seiner bildertheologischen Position soll deutlich werden, ob die allerorts zu beobachtende Hinwendung zum Bild nur eine neue Variante romantischer Bildersehnsucht ist oder ob sie nach vorne gewandt produktiv zu einer neuen, erweiterten Identität des Christlichen in unserer Gesellschaft anstiften kann, indem sie die Spaltung von Wort und Bild überwindet und in eine spannungsvolle Polarität bringt.

Der Bilderstreit muß weitergehen

Weil es um die Gestalt des Christlichen und nicht nur um ein didaktisches Vermittlungsproblem des Glaubens geht, muß der Bilderstreit weitergehen. Deshalb setze ich mich hier mehr grundsätzlich mit dem Ansatz einer weitgehend an C. G. Jung orientierten Bildertheologie auseinander, wie sie sich bei zahlreichen theologischen Autoren findet. Insofern steht der Name Drewermann hier als Synonym für einen weitverbreiteten theologischen Ansatz.

»Die Seele des Menschen ist so reich. Was immer Gott zu sagen hat, sagt er in der Sprache der Liebe in den Herzen einzelner. Und was er dort spricht, spricht sich frei in mutigen, heilenden Bildern und weltverändernden Taten voller Poesie und Traum, voller Mut und Engagement.«[1]
Ohne Zweifel ist Eugen Drewermann mit seinem umfassenden Werk *der* Bildertheologe des ausgehenden 20. Jahrhunderts.[2] Als solcher hat er die nachaufklärerische Theologie an ihrer schwächsten Stelle getroffen: der Vernachlässigung des Unbewußten, des Traumes, des Bildes. Aber: Die gegenwärtige Aktualität der Bildertheologie und die neue Sehnsucht nach Bildern bedarf der ständigen Aufklärung über sich selbst, denn allzu leicht könnte die Hinwendung zum Bild ein regressiver Rückzug hinter die Errungenschaften der Aufklärung bedeuten. Vor allem der Bild-Psychologe C. G. Jung darf nicht unreflektiert zum anthropologischen Kronzeugen einer neuen Tiefen-Theologie werden, welche die inneren Bilder der Seele zum hermeneutischen Schlüssel von Theologie überhaupt zu machen sucht.

Das archetypische Bild – ein ewiges Bild?

Das neue theologische Paradigma Drewermanns ist untrennbar verbunden mit der Archetypenlehre C. G. Jungs. Deren Hochschätzung durch Drewermann gibt Aufschluß über seine Einschätzung dessen, was das Bild zur Anschauung bringt: das Unbewußte. Dieses wird bei ihm jedoch nicht biographisch-historisch verstanden, sondern kollektiv-biologisch. So wertet Drewermann die Abgrenzung C. G. Jungs von der Freudschen Psychoanalyse als eine große geistesgeschichtliche Wende, durch die der zunächst biographisch-historische Ansatz der Psychoanalyse endgültig überwunden wurde zugunsten einer Theorie des kollektiven Unbewußten.[3] In der Archetypenlehre C. G. Jungs werden historische Prozesse für die Bildung des Unbewußten weitgehend unberücksichtigt gelassen und ewige Urbilder als letzte Entitäten angenommen. Untermauert mit biologischen und physiologischen Hinweisen, werden die Archetypen der Geschichte entzogen und zu einer Letzt-Wirklichkeit mit metaphysischem Charakter erhoben. Als die »eigentlichen Organe der religiösen Wahrnehmung«[4] sind sie vom Makel historischer Kontingenz befreit. Tiefenpsychologie wird so zur Metatheorie des Christlichen.

Im Hinblick auf diesen Anspruch ist die Archetypenlehre jedoch ein wissenschaftlich zu ungenaues Instrument, um damit eine grundlegend neue theologische Hermeneutik zu begründen.[5] Bestenfalls als eine Theorie mittlerer Reichweite könnte sie in ein tiefen-theologisches Erkenntnis- und Verstehensmodell eingetragen werden: Sie setzte jedoch vorraus, was sie bei Drewermann begründen soll. Wohlgemerkt: Es geht nicht darum, den wertvollen Beitrag zu schmälern, den Drewermann durch die Wiederentdeckung des Bildes für die Theologie und für das Glaubensverständnis vieler geliefert hat. Es ist auch nicht meine Absicht, den Nutzen der Archetypenlehre für den therapeutischen, seelsorglichen und beraterischen Bereich und für das gesamte Feld der Symbolpädagogik anzuzweifeln. Es muß jedoch da Einspruch erhoben werden, wo der Archetypenlehre ein geradezu universeller Geltungsanspruch angesonnen wird und sie ein neues theologisches Paradigma begründen soll. Geht man diesem Einspruch jedoch nach und sucht eine bescheidenere Theorie des Unbewußten – eines wissenschaftlich ohnehin nur schwer konsensfähigen Unternehmens –, dann ergeben sich daraus einige Perspektiven für eine praktisch-theologische Symboltheorie und einer darauf gründenden kommunikativen Bilderpastoral. Wenn diese sich im Fragehorizont gegenwärtiger praktisch-theologischer Konzepte bewegen soll, bedarf es dazu einer kritischen Theorie des Subjekts, einschließlich des Unbewußten, und einer befriedigenderen Lösung des Theorie-Praxis- Problems, als es Drewermann gelungen ist.[6]

Das Unbewußte – jenseits von Geschichte und Gesellschaft?

Gegenüber einer Metaphysik des Unbewußten, wäre vom Standpunkt einer psychoanalytischen kritischen Theorie des Subjekts[7] auf den Zusammenhang von Bild, Unbewußtem, Geschichte und Gesellschaft hinzuweisen. Bildproduktion und Unbewußtes bilden ein komplexes Wechselspiel. Im Traum, dem Urbild des Unbewußten, drücken sich jene Entwürfe von Subjektivität aus, die im Medium der Sprache und des Bewußtseins nicht aussagbar sind. Im Hinblick auf die Wiederentdeckung des Unbewußten seitens der Theologie, hat Drewermann Entscheidendes, wenn nicht sogar Epochales geleistet. Seiner Diagnose ist voll zuzustimmen: Die Theologie und das Christentum haben im Laufe ihrer Geschichte die unbewußte Dimension menschlicher Existenz verleugnet, verdrängt oder abgespalten. Die Folge davon ist die fatale Reduktion des Christlichen auf das Rationale. Gerade angesichts dieser Abspaltungsprozesse, die sich in der psychischen Struktur des Individuums im christlichen Abendland niedergeschlagen haben, kann die Psychoanalyse innerhalb der Theologie wertvolle Aufklärungsarbeit leisten. Das vermag jedoch nur mit Hilfe einer Psychoanalyse gelingen, die selbst einen kritisch-dialektischen Begriff des Unbewußten hat. Nur wenn man dieses als historisch begreift in der Spannung zwischen Kultur und Natur, kann man eine statisch-biologistische Sicht des Unbewußten überwinden.

Besonders die sich zur Ethnopsychoanalyse weiterentwickelte psychoanalytische Kulturtheorie[8] erforscht genau diesen Prozeß kultureller Evolution, insofern er selbst Unbewußtheit produziert. Ob man nun mit marxistisch orientierten Freud-Interpreten die kulturellen Phänomene auf Sozialisationseffekte der familialen Strukturen zurückführt oder ob man mit Freud Familie und Kultur in einem antagonistischen Verhältnis stehend begreift[9] – Familie als Tendenz, sich inzestuös abzuschließen gegen alles Fremde und Neue –, entscheidend ist, daß die psychoanalytischen Sozialisationstheorien davon ausgehen, daß die Strukturen der menschlichen Psyche nicht einfach den sozialen Bedingungen biologisch oder archetypisch vorgegeben sind. Eine solche geschichts- und gesellschaftsbezogene Theorie des Unbewußten wäre dann der Horizont, in dem die von Drewermann entwickelte Typologie des Psychischen zu verorten wäre. Das kann jedoch nur dann gelingen, wenn der Anspruch des Apriorischen der Psyche, was bei Drewermann nichts anderes heißt, als jenseits von Geschichte und Gesellschaft, aufgegeben wird. Nur in einem solchen Horizont hätte dann eine archetypische Hermeneutik, die Drewermann der Theologie, insbesondere der Exegese, empfiehlt, eine Berechtigung. Eine apriorische Theorie des Psychischen kann deshalb für die Theologie nicht in Frage kommen, weil sie wieder in die falsche Alternative führt von »Anlage« oder »Umwelteinfluß« im Hinblick auf die Entstehung der Persönlichkeit. Damit würden wir hinter den derzeitigen Stand der Theoriediskussion zurückfallen.

Der »Trieb« und sein soziales Schicksal: die doppelte Basis der Bilder

Wenn man nun den der Biologie am nächsten stehenden aller psychoanalytischen Termini, den Triebbegriff, zum Ausgangspunkt wählt, um die Historizität des Unbewußten zu verstehen, dann wird sehr schnell dessen kulturelle Formgebung sichtbar. Bereits in Freuds Sprache bekommen – trotz seiner Verankerung in der Neurophysiologie – die leibhaft-biologischen Begriffe wie Trieb, Oralität, Analität, Genitalität usw. eine doppelte Metaphorik: Sie spiegeln einerseits Leibfiguren wider und sind somit ganz an das Biologische gebunden, müssen jedoch andererseits auch als Chiffren für Beziehungsfiguren verstanden werden. So beschreibt der Begriff der Oralität nicht nur die Libidooraganisation »an sich«, sondern ebenfalls eine bestimmte Interaktion zwischen Mutter und Kind. Dieser Beziehungskonstellation wird wiederum eine formgebende Funktion im Hinblick auf den Trieb zugeschrieben.[10]Genau darin besteht ja die Eigenart der Psychoanalyse, daß sie als Theorie des »Zwischen« weder der Biologie noch der Soziologie zugeordnet werden kann. Machen wir uns dieses Wechselspiel von Natur und Kultur bewußt im Hinblick auf die Psychogenese am Beginn des Lebens: Im Medium der Mutter-Kind-Beziehung kommt es zum Zusammenspiel von Triebbedürfnis und Triebbefriedigung, von Natur und sozialer Form: Da der Säugling nicht instinktgesichert ist, treibt ihn die pure Lebensnot zur notwendenden, befriedigenden Interaktion mit der Mutter. Der Trieb des Neugeborenen ist der Drang, in Beziehung zu treten mit einem Objekt, von dem Bedürfnisbefriedigung erwartet wird – zunächst ganz im Sinne des organismischen Stoffwechsels –, dann auf einer höheren Stufe als Bedürfnis nach menschlichem Kontakt.

Dieses pränatal einsetzende Befriedigungsspiel weist als Variable das Verhalten der Umwelt auf, welches durch die Mutter das Kind erreicht. Weil deren Verhalten kulturspezifisch ist, darf die Form der Triebbefriedigung als gesellschaftlich hergestellt angesehen werden. Aus den eingespielten und kulturell abgesicherten Interaktionsformen kann gefolgert werden, daß die »Triebstruktur aus gesellschaftlich gestanzten Schablonen« besteht.[11]Und genau hier setzten die Triebschicksale und deren Beschädigung ein, an deren Profilen die psychoanalytische Therapie einsetzt.

Für unseren Gedankengang ist dabei folgendes festzuhalten: Der Trieb und seine Verdrängung infolge kultureller Verbote – also das Unbewußte – ist das Ergebnis eines historischen Formgebungsprozesses, in dem sich sowohl die Erbanlage als der Vorrat an organismischen Möglichkeiten als auch die gesellschaftlich vorhandenen Verhaltensmöglichkeiten in einem konkreten Zusammenspiel verwirklichen. Das Unbewußte läßt sich genau als Produkt dieses Wechselspiels ansehen: Als ein an den Körper gebundenes eigenständiges Sinnsystem ist es dem auf Logik und Ordnung aufgebauten zweiten Sinnsystem, der Sprache, vorgeordnet. Dieses System »Unbewußt« ist aus dem Wechselspiel von Natur und Kultur hervorgegangen und bildet die Basisschicht der Persönlichkeit.

Das objektivistische Mißverständnis Drewermannscher Tiefenpsychologie

Obwohl Eugen Drewermann immer wieder die Subjektivität als letzte Instanz der Wahrheit betont und die Innenwelt des einzelnen als den eigentlichen Ort der Gottesoffenbarung ansieht, so verfällt er in seiner Rezeption der Tiefenpsychologie dennoch einem konservativen Objektivismus. Bereits 1968 bezeichnet Habermas im Rahmen seiner wissenschaftstheoretischen Studien über den Status der Psychoanalyse deren frühe Verhaftung in naturwissenschaftlich-physiologischen Kategorien als ihr eigenes »szientistisches Selbstmißverständnis«.[12] In der Rezeption der Psychoanalyse hat es immer wieder die Versuchung gegeben, Freud als »Biologen der Seele« zu verstehen und die Psychoanalyse der Naturwissenschaft zuzuordnen. Mit Derwermanns Tiefenpsychologie-Rezeption ist diesem Versuch eine neue Variante hinzugefügt worden.

In der Tat haben solche naturwissenschaftlich-physiologischen Umdeutungen der Psychoanalyse ihren Grund in Freuds eigenem Biologismus und seiner bisweilen geschichtslosen Verallgemeinerung der Triebe zu überkulturellen Gegebenheiten. Diese biologistische Position Freuds muß jedoch als Zugeständnis an das Wissenschaftsideal seiner Zeit verstanden werden, denn immerhin sind im Freudschen Modell Annahmen über die soziale Genese der Triebe enthalten, wenn sie auch in die gattungsgeschichtliche Frühzeit der Menschheit zurückverlagert sind. Ja, es war gerade das Neue der Freudschen Erkenntnis, daß das Unbewußte einen eigenen Inhalt besitzt, nämlich die Sexualität. Die phylogenetische Verortung der sozialen Genese der Triebe war notwendig, da Freud aufgrund seiner therapeutischen Arbeit eine andere Quelle annehmen mußte, aus denen sich Ich und Über-Ich speisen: eine der Sprache vorgelagerte Sinnstruktur, das Unbewußte.

Um jedoch nicht in unbrauchbare Mystifikationen des Unbewußten zu verfallen, ist es nötig, die großartige Entdeckung Freuds zu präzisieren in Richtung einer kritischen Theorie des Subjekts:

– Nicht die Phylogenese, sondern die subjektive Vorgeschichte des einzelnen, also die Ontogenese, ist der Ort, an dem sich die Psyche bildet und Unbewußtes entsteht.
– Phylogenetisches Erbe ist dem einzelnen nicht einfach vorgegeben im Sinne einer Determinierung seines sozialen Verhaltens und seiner Symbolproduktion. Verhaltensmuster und kulturelle Objektivationen machen vielmehr jenes soziale Schicksal durch, das Freud in der Urgeschichte für das Schicksal der Urhorde vermutet hat: Unbewußte Ver-

haltensformen sind Einprägungen eines interaktionellen Wechselspiels zwischen der Mutter und dem embryonalen, fötalen und kindlichen Organismus.

– Dieses sinnlich-körperliche Wechselspiel ist als »sinnlich-symbolische Interaktionsform«, wie Lorenzer es nennt, das Fundament der Psychogenese: Als Unbewußtes sind in ihm alle Erinnerungspuren eingetragen.[14]

– Die individuelle Nuancierung der jeweiligen Strukturierung der Psyche ergibt sich aus dem Wechselspiel zwischen der individuellen erbgenetischen Anlage des werdenden Menschen und seiner sozialen Umwelt.

– Bilder und Träume, Mythen, Symbole und Rituale sind als eine Art Vermittlungsergebnis der beiden Sinnsysteme Bewußt und Unbewußt zu begreifen und transportieren sozial unerlaubte Lebensentwürfe in einer – mehr oder weniger – sozial akzeptierten Form.

Die hier nur anskizzierten Aspekte einer Theorie des Unbewußten und seiner »Sprache« im dialektischen Prozeß von Trieb und Umwelt, von Erbanlage und sozialer Formgebung sollen Hinweise geben auf die Art von Anfragen, die an die Drewermannsche Position als einer neuen Spielart psychoanalytischer Orthodoxie zu richten sind, einer Position, die sich programmatisch weigert, den gesellschaftlichen Bildungscharakter des Subjekts anzuerkennen: »Die Analyse selbst der einfachsten Wechselbeziehung von Individuum und Gesellschaft setzt immer schon gewisse Einsichten in die innere Natur des Menschen im Sinne bestimmter biologischer und psychologischer Konstanten voraus, und es ist wichtig, sich diese Notwendigkeit einer antriebsorientierten Anthropologie für alle psychologische und soziologische Theoriebildung klarzumachen; dann wird auch die Bedeutung der Religion und die Möglichkeit eines religiösen Verständnisses von Geschichte deutlich werden.«[15]

In dieser reinen Individual-Psychologie ist jede Dialektik aufgegeben, und es wundert nicht, daß es in der Auseinandersetzung zwischen Drewermann und Lohfink/Pesch[16]zu jenem

Antagonismus von Individuum und Gemeinde kommt, der es keinem der Streitpartner möglich macht zu denken, daß sich integrierte Psyche nur in Beziehungen konstituiert und daß andererseits integrierte Gemeinde an individuationsfördernde gruppendynamische Prozesse gebunden ist.

An die Stelle der psychogenetisch entscheidenden Interaktionen und Beziehungserfahrungen und deren Verinnerlichungen setzt Drewermann auf einer obersten Theorieebene eine metaphysisch anmutende biologisch-physiologische Konstante archetypischer Art. Infolgedessen kann es bei Drewermann auch nicht zu einer hinreichend befriedigenden Lösung des Theorie-Praxis-Problems kommen, worin sicherlich ein Grund dafür liegt, daß Drewermann in der Praktischen Theologie und ihrer Theoriebildung wenig Resonanz findet. Von ihrem eigenen Selbstverständnis her hat die Praktische Theologie nämlich wenig Interesse an Modellen, die nur eine neue, eben religiös-tiefenpsychologische Theorie »von oben« einführen, ohne die Praxis selbst, also den Ort der Konstitution von Subjekten, zu verändern.[17] Der Praxisort Drewermanns ist eher der überfüllte Hörsaal und nicht die Kleingruppe, in der debattiert und ausgehandelt wird.

Drewermanns Position, die alles Historische und damit die Praxis selbst gegenüber dem Ewig-Psychischen abwertet, kann die Bilder als Sprache der Seele auch nicht praxisbezogen deuten und gerade in diesem Deutungsprozeß zu ihrer inneren Wahrheit finden, wie es im psychoanalytischen Prozeß geschieht. Bilder sind bei ihm wahr, insofern sie als subjektives Produkt teilhaben an den zeitlosen und ewigen Archetypen. Ihre Wahrheit liegt in einer Kongruenz mit einer postulierten »apriorischen Typologie des Psychischen«.[18] Dies wird um so ärgerlicher, je vehementer Drewermann die Entwicklung der Psychoanalyse nach Freud abwertet und als unkritische Anpassung an einen soziologischen Zeitgeist kennzeichnet.[19]

Von der Notwendigkeit symbolbezogener Kommunikation statt archetyptischer Symbollehre

Bei Drewermann ist das Bild eine vorgegebene Wirklichkeit, dem kommunikativen Geschehen entzogen. Es kann eigentlich nur von einem tiefenpsychologischen Standpunkt aus – eine neue Variante des »von oben« – verkündet, erschlossen und gedeutet werden. Subjektwerdung geschieht in diesem Modell durch den Kontakt des einzelnen mit den ewigen Urbildern, die dem individuellen Bild vorausliegen. Dabei bleibt unberücksichtigt, daß gerade der Umgang mit Bildern und Träumen an einen kommunikativen Kontext gebunden bleiben soll. In der psychoanalytischen Situation bildet die Beziehung von Analysand und Analytiker einen kommunikativen Raum, und das Verständnis der Traumbilder erschließt sich gerade auch von der interpersonalen Dynamik her, die sich zwischen beiden herstellt. Besonders eindrucksvoll kann man den Verstehensprozeß von Seelenbildern erleben, wenn er sich in einer analytischen Gruppe vollzieht: Hier ist die dem Unbewußten gegenüber offene Kommunikation in der Gruppe als sozialer »Mutterboden« der hermeneutische Schlüssel zum tieferen Verständnis von Bildern. Analog dazu könnte man auf die Bedeutung der Gemeinde und ihrer Gruppen hinweisen: Sie bilden jene soziale Basis, die die persönlichkeitsbezogene Auslegung von Bildern braucht, damit diese zu Einstellungsänderungen, Entwicklung und Handeln führen können. Die Entchiffrierung der Bilder ist ebenso an eine soziale Basis gebunden wie ihre Entstehung.

Damit komme ich zu einem weiteren Aspekt der Kritik am archetypischen Verständnis des Bildes. Bei Drewermann wurzeln die Urbilder der Seele letztlich in der Biologie und sind damit dem kommunkativen Kontext entzogen. Machen wir uns die soziale Basis der Bilder deutlich anhand des Traumbildes, welches ja in den tiefsten Schichten der Seele verankert ist. Deshalb hat das Traumbild eine doppelte Funktion: Es teilt etwas mit und verhüllt das Mitgeteilte auch wieder. Es offenbart und verschleiert. Das Traumbild erschließt in seiner Bildersprache eine sich verbergende Szene in verschlüsselnder und entschlüsselnder Weise zugleich. Der Traum als »via regia«, als Königsweg, zum Unbewußten, bringt das ins Bild, was nicht bewußtseinsfähig ist. Deshalb kommt ihm auch eine grundsätzlich kritische Funktion zu im Hinblick auf das, was gesellschaftlich gilt. Traumbilder werden dieses gefährlichen Potentials jedoch beraubt, wenn man sie gleichsam archetypisch abschleift und versöhnt. Natürlich greift der Träumer auf kollektive Symbole zurück, aber das Entscheidende ist nicht das übersetzte und entschlüsselte einzelne Symbol, sondern die gesamte Szene und Inszenierung. Deshalb kann der Traumsinn auch nicht dadurch hinreichend erschlossen werden, daß man seine Kongruenz mit archetypischem Material aufzeigt. Der Traum verknüpft ja nicht nur eine urgeschichtliche, kollektive Szene mit der individuellen Biographie, sondern er verbindet in erster Linie eine mit dem Bewußtsein und der kulturellen Ordnung nicht vereinbare Szene mit einem bestimmten Symbolgefüge. Anders gesagt: Der Traum steht in der Spannung von manifestem und latentem Inhalt, und sein Bild lebt von seiner Doppeldeutigkeit. Im Bild vermitteln sich Bewußtsein und Unbewußtes, sozial akzeptable und sozial anstößige Lebensentwürfe. Bilder – so haben wir immer wieder betont – sind von daher immer Repräsentanten nicht normgerechten Verhaltens, ihnen wohnt eine widerständige, subversive Kraft inne; denn sie beinhalten Lebensordnungen, Wünsche und Bedürfnisse, die zu vergessen sich das Individuum dank seiner Traumtätigkeit und seiner künstlerischen Potenz geweigert hat. Insofern wohnt den Bildern ein Hoffnungspotential inne, die Kraft noch nicht gelebten und noch ausstehenden Lebens (vgl. dazu Kapitel 5). Diese sozial widerständige Kraft der Bilder, die den einzelnen nicht nur zu Anpassung an vorgegebene Lebensmuster zwingt und daher seine Identität im letzten begründet, ist jener gefährliche Teil der Bilder, der in den Bilderstreits der Geschichte immer wieder zu exkommunizieren versucht wurde.

Der Streit um das Bild als Streit um »richtiges Leben«

Im Konzept einer bildorientierten Pastoral, welche nicht archetypisch, sondern kommunikativ orientiert ist, ginge es um eine Auseinandersetzung mit genau jenen nicht normgerechten und deshalb mit der Sprache der herrschenden Plausibilitäten nicht zu vereinbarenden Lebensentwürfe, die sich im Bild Ausdruck verschaffen. Das Potential dieser Entwürfe und Phantasien vom richtigen Leben hat dann eine Chance, wirkmächtig zu werden, wenn die Bilder wieder kommunikativ verflüssigt werden könnten, d. h., wenn um die ihnen innewohnenden Lebensentwürfe gerungen und gestritten werden könnte. Ein solches Ringen um besseres Leben kann jedoch nur im kommunikativen Raum von Gruppen vollzogen werden. Hier wären praktisch-theologische Konzepte zu nennen, wie das Modell »symbol- und themenzentrierter Interaktion«[20], die »symbolisch-kritische Methode«[21] oder die Konzeptualisierung des Sakraments als leiblich-soziales Geschehen[22], die es dem einzelnen und einer Gemeinde ermöglichen, Zugang zu finden zu den im Unbewußten angesiedelten und sich in Bildern ausdrückenden Lebensentwürfen. So ist z. B. die Auseinandersetzung mit kulturellen Phänomenen wie der zeitgenössischen Kunst ein solches Feld, in dem die normalerweise nicht bewußtseinsfähigen Lebensmodelle in den Diskurs einer Gemeinde über richtiges und besseres Leben eingebaut werden könnten.

Zu solchen Diskursen scheint der Drewermannsche Ansatz nicht zu führen. Vielmehr wird die kommunikative Praxis ersetzt durch eine Theorie von oben, eben die tiefenpsychologische, religiös aufbereitet. Nicht die Archetypenlehre darf das alleinige Realitätsprinzip einer bildorientierten Pastoral sein, sondern auch die Dynamik der jeweiligen Gruppen und Gemeinden und deren Beziehung zu gesellschaftlichen und kirchlichen Konfliktfeldern. Die in Bildern und Riten aufgehobenen Lebensentwürfe, die in einer sinnlich-körpernahen

Schicht der Persönlichkeit verankert sind, haben in diesen gemeindebezogenen Kommunikationsprozessen eine traumanaloge Funktion: Sie transportieren jene Modelle richtigen und erhofften besseren Lebens, die, wären sie nur an Sprache und Bewußtsein gebunden, längst angepaßt und entschärft worden wären. Auch die religiösen Bilder beinhalten – wie der Traum – Szenen, die mit dem »Zeitgeist« nicht ohne weiteres kompatibel und deshalb »gefährliche Erinnerungen« (Metz) sind. Es käme darauf an, diese Szenen wieder miteinander in Kontakt zu bringen und die Spannung zwischen »dort und damals« und »hier und heute« kommunikativ fruchtbar zu machen, anstatt sie archetypisch zu vereinahmen.

Die Überlegungen und Gedanken dieses letzten Kapitels führten bereits mitten hinein in den Dialog zwischen Theologie und Tiefenpsychologie. Als Ausblick soll deshalb am Ende das Verhältnis von Psychologie und Glaube noch einmal thematisiert werden mit dem Ziel, zu gemeinsamen Grundentscheidungen dieser beiden Wege zum Menschen zu finden. Dabei werden Erkenntnisse der vorausgegangenen Kapitel zusammengefaßt und für einen kritischen Dialog fruchtbar gemacht.

Ausblick: Glaube und (Tiefen-)Psychologie

Ein problematisches Verhältnis

Christlicher Glaube und moderne Tiefenpsychologie haben bei allen Unterschieden ein Ziel gemeinsam: den Menschen zu befreien aus ihn versklavenden Bindungen und Abhängigkeiten. Wie im zweiten Kapitel bereits dargestellt, sind die Wege durchaus unterschiedlich, wie sich Psychotherapie als angewandte Psychologie und Seelsorge als angewandte Theologie die Befreiung des Menschen vorstellen. Für die Zukunft des Glaubens wird einiges davon abhängen, ob und wie dieser die verkündete Befreiung und Erlösung des Menschen erfahrbar werden läßt. Im Hinblick auf diesen Erfahrungsbezug des Glaubens – was im Zusammenhang unseres Themas bedeutet, daß die Bilder, Symbole und Glaubensaussagen wieder mit innerpsychischen Erlebnissen und Konflikten in Zusammenhang gebracht werden und umgekehrt – ist es für die Theologie von großer Wichtigkeit, sich auf den Dialog mit der Psychologie einzulassen, um durch das Gespräch mit ihr dem neuzeitlichen Wirklichkeitsverlust des Glaubens entgegenzuwirken.

Im Gedankengang dieses Buches ist immer wieder der Beitrag beider Wissenschaften für die Analyse und Heilung eines zentralen Abwehrmechanismus', dem der Spaltung, hervorgehoben worden. Beide Disziplinen haben spezifische Vorstellungen vom richtigen Leben, von den Chancen des Ganz- und Heilseins des Menschen unter den jeweiligen Lebensbedingungen. Es geht jetzt also darum, sich über diese oft unbewußten Vorstellungen vom gelungenen Leben Rechenschaft zu geben, Abgrenzungen zu formulieren und gemeinsame Grundentscheidungen zu entwickeln.

Über Psychologie und Glaube nachzudenken, ist ein Versuch, den Glauben als Verhältnis zu den Verhältnissen zu begreifen. Der Begriff »Psychologie« läßt sich ja geradezu als Chiffre auffassen für neuzeitliches Lebensgefühl, für aufgeklärtes Bewußtsein, für moderne Rationalität. Psychologie ist längst nicht mehr nur eine Wissenschaft, sie ist eine Art aufgeklärtes Alltagsbewußtsein. Von Psychologie glaubt fast jeder etwas zu verstehen. Für viele Zeitgenossen hat sie in der Tat die Funktion einer Ersatzreligion. Dazu hat sich der Glaube in ein Verhältnis zu setzen, und wenn wir dieses Verhältnis reflektieren, sind wir dabei, praktische Theologie zu treiben.

Nach einigen einführenden Gedanken werde ich drei Modelle der Zusammenarbeit skizzieren, um dann an drei exemplarischen Stichworten – Subjektivität, Beziehung, Symbol – die Möglichkeit des Zusammenarbeitens beider Zugangswege zum Menschen aufzuzeigen.

Damit sind wir schon im Thema. Auch wenn die meisten Menschen als psychologische Laien vielleicht gar keine ausdrückliche Psychologie vertreten, handeln sie doch nicht ohne Psychologie. Jeder orientiert sich in seinem Alltag an einer Art »Privatpsychologie«.[1] Diese können wir auch bezeichnen als Chiffre für mitunter wenig geprüfte, manchmal modisch übernommene, manchmal leidvoll erfahrene Lebensschritte, die sich zu unserem Vorrat an Lebenswissen gebündelt haben.[2] Diese Alltagspsychologie, die geheimen – wir können auch sagen: unbewußten – Theorien vom »richtigen Leben« bestimmen oft mehr die Auswahl unserer religiösen Themen als uns bewußt ist. Eine Klärung des Verhältnisses von Psychologie und Glaube ist aber vor allem wichtig in einer Zeit, in der in der Tat die Psychologie oftmals zu einer Art Superwissenschaft aufgeblasen wird. Wer das rechte psychologische Argument in der Hand hat, ist fein raus! Die Nachfrage nach psychologisch aufbereiteter Religion ist groß, und wir können annehmen, daß sich darin offensichtlich das Bedürfnis nach einem verlorengegangenen Erfahrungsbezug des Glaubens widerspiegelt, nach einer leiblich-sinnlichen Glaubenskultur und Spiritualität.

Andererseits ruft das Unternehmen, Psychologie und Glaube in Verbindung zu bringen, mancherlei Skepsis hervor. Vielfältig ist der Verdacht, der gegen die Psychologie im Horizont des Glaubens eingebracht wird: Der Verdacht des Horizontalismus taucht auf! Die Gefahr der Auflösung des Glaubens in Psychologie steht ins Haus, ja, die Vermutung, daß sich hinter dem psychologischen Interesse eines Christen bereits eine Art Gottvergessenheit verberge, ist nicht selten. Dieser Verdacht ist verständlich in einer Zeit, in der manchmal von Theologen selbst die Psychologie zu einer Art »Metatheorie des Glaubens« hochstilisiert wird. Zu Recht wird gegen eine solche Indienstnahme der Psychologie die Eigenidentität des Glaubens und der Theologie ins Feld geführt.

Der theologische Gesprächshorizont

Bevor jetzt der theologische Horizont des Dialoges skizziert wird, muß eine weitere Einschränkung gemacht werden. Wenn ich von Psychologie rede, dann kann ich mich unmöglich auf das Ganze der Psychologie beziehen, das äußerst komplex und vielfältig ist. Ich beschränke mich auf jenen großen Zweig der Psychologie, der unter dem Namen Tiefenpsychologie zusammengefaßt wird und als deren Begründer Sigmund Freud (Psychoanalyse), Carl Gustav Jung (analytische Psychologie) und Alfred Adler (Indivi dualpsychologie) genannt werden müssen. Wesentliches gemeinsames Kennzeichen der unterschiedlichen tiefenpsychologischen Schulen besteht darin, daß sie von unbewußten Seelentätigkeiten des einzelnen ausgehen. Diese Seelentätigkeiten sucht die Tiefenpsychologie im Dienste der Heilung nicht objektiv zu erklären, sondern subjektiv zu verstehen. Prinzipiell kommen diese hermeneutischen Verstehenswissenschaften als Gesprächspartner für die

Theologie eher in Frage als die dem naturwissenschaftlichen Paradigma verpflichteten objektiven Theorien der sogenannten Schulpsychologie.[3] Des weiteren entscheide ich mich für die psychoanalytische Psychologie Freuds und seiner Nachfolger, weil sie im Gegensatz zu den sogenannten humanistischen Psychologien über eine ausgeprägte, am Konfliktbegriff orientierte anthropologische Theorie verfügt, was gerade für das Thema »heil und ganz sein« nicht unerheblich ist, was ich im nächsten Abschnitt weiter ausführe. Deshalb muß sich der Theologe, wenn er sich auf den Dialog mit der Tiefenpsychologie einläßt, der theologischen Voraussetzungen bewußt sein, von denen aus er den Dialog führt. Die mir wichtigsten theologischen Vorgaben sollen jetzt genannt werden:

• Die Begriffe *Ganzheit, Heilsein, Identität*, die ja als Gegenpole zum Zerrissen- und Gespaltensein immer wieder auftauchen und in vielen theologischen und psychologischen Konzepten genannt werden, bedürfen der Reflexion. Das Mißverständnis, welches sie auslösen können, ist die Vorstellung, als gäbe es diesen Zustand des Heil- und Ganzseins, der ungebrochenen Identität. Wenn diese Begriffe als Leitvorstellungen richtigen Lebens fungieren, können sie den Charakter von Idealen annehmen, die wesentliche Gegebenheiten menschlichen Daseins außer acht lassen. Deshalb ist es mir wichtig, die Vorstellung von Ganzheit unter den eschatologischen Vorbehalt zu stellen, d. h. sie als ein Hoffnungsbild zu verstehen, welches zwar anleitet, an der Überwindung des Bösen und Gespaltenen zu arbeiten, aber zugleich zu akzeptieren lehrt, daß das Erhoffte und Gewünschte in seiner Vollgestalt dem Menschen nicht durch eigene Anstrengung zu erreichen vergönnt ist, sondern erst durch die rettende Tat Gottes am Ende unseres Lebens gegeben wird. Dieser Vorstellung der prinzipiellen Gebrochenheit menschlichen Lebens kommt die psychoanalytische Auffassung von der Zentralität des Konflikts im innerseelischen Leben eines Menschen sehr nahe. Psychoanalyse, die sich in der Tradition Freuds und seiner Nachfolger befindet, versteht sich als Konfliktpsychologie, welche die aufeinanderprallenden Kräfte und die sich widersprechenden Anteile der Persönlichkeit untersucht. Der Mensch im Konflikt ist die Perspektive der Psychoanalyse, und damit weist sie eine innere Nähe zur christlichen Anthropologie auf, welche die innere Gebrochenheit und Erlösungsbedürftigkeit des Menschen zum Ausgangspunkt ihres Denkens macht. Durch den Konflikt am Anfang (christlich: Erbsünde, freudianisch: Vatermord) setzt sich eine unheilvolle Situation fort in der Geschichte, denn der Konflikt des Anfangs kann nicht einfach vergessen werden. Aber auch die christliche Vorstellung von Erlösung ist nicht einfach das Aufheben und Beseitigen des Konflikts (theologisch: der Sünde), sondern geschieht selbst in konflikthafter Weise. Dafür sind das Kreuz und der Gekreuzigte als das Bild von Erlösung die sichtbarsten Hinweise.

Endgültige Ganzheit, vollkommene Identität, »ewiges Leben« ist dem Menschen nur durch Gottes Auferweckungshandeln am Ende seiner Tage in Aussicht gestellt, niemals aber als in diesem Leben erreichbares Ideal. Dadurch erfährt der Mensch eine notwendige und heilsame Entlastung in seiner ihm innewohnenden Tendenz zum Streben nach Idealen. Mit diesem Vorbehalt können dann weitere »positive« theologische Vorrausetzungen des Dialogs mit der Psychologie gemacht werden.

• *Glaube* ist ein Vorgang, der den ganzen Menschen betrifft in seinen kognitiven, körperlichen, sozialen und psychischen Dimensionen. Es kann im Kontakt mit der Tiefenpsychologie nur darum gehen, die psychische Wirklichkeit des Glaubens zu benennen, zu verstehen und zu erfassen. Wenn man hier die alte Unterscheidung von fides qua und fides quae zugrunde legt, geht es darum, die *Vollzugsweise* des Glaubens tiefer zu verstehen, ohne die Wahrheit seiner Inhalte in Frage zu stellen. Daß wir darauf besonders hinweisen müssen, ist selbst das Ergebnis einer geschichtlichen Entwicklung des Christentums. In Folge der europäischen Aufklärung wurde die Theologie selbst eine solch abstrakte Wissenschaft, daß sie, wie in den ersten beiden Kapiteln skizziert, vergaß, daß der Glaube auch in der psychischen Verfassung des Menschen eine Erfahrungsgrundlage hat. Die Tatsache, daß es eine säkulare Tiefenpsychologie gibt, ist unter anderem auch als Symptom der Abspaltung des Psychischen im Christentum zu verstehen, ein langer Prozeß, dessen Wurzeln wir in der Zerstörung des goldenen Kalbes ausgemacht haben.[4] Trotz der neuzeitlichen Aufteilung der Wissenschaften befaßt sich die Theologie mit ihrem eigenen, verlorengegangenen Erbe, wenn sie sich mit den psychologischen Theorien der Neuzeit auseinandersetzt.

• Wenn sich die *Theologie* heute um die Tiefenpsychologie kümmert, dann ist das nicht eine beliebige Nebenbeschäftigung. Die Theologie hat ja immer fremde Wissensbestände und Denkkategorien gebraucht, um ihre eigene Wahrheit zur Sprache zu bringen. »Reine« Theologie hat es nie gegeben, vielmehr ist sie von ihrem Wesen her auf die Vermittlung durch andere Wissenschaften angewiesen. So bediente sich etwa die Dogmatik eines philosophischen Instrumentariums, die Exegese übernahm die Methoden der Philologie oder Archäologie, und niemand würde einen Kirchenrechtler des Horizontalismusverdachts deshalb bezichtigen, weil er in seiner Disziplin mit Methoden der profanen Rechtswissenschaft arbeitet. Eine der großen kreativen Leistungen etwa eines Thomas von Aquin bestand ja gerade darin, daß er die Wahrheit des Glaubens mit den Denkkategorien griechischer Philosophie auszusagen vermochte und so die Weitergabe des Glaubens in sich wandelnden geschichtlichen Verhältnissen sicherstellte.

• Einen weiteren Grund für das Unternehmen, Psychologie und Glaube in Beziehung zu bringen, sehen wir in dem christlichen Junktim von *Theologie und Anthropologie*. Karl Rahner hat ja immer wieder darauf hingewiesen, daß beides zusammengehört: Die Einheit von Gottes- und Nächstenliebe macht das Proprium christlichen Glaubens ebenso aus wie die Einheit von Selbsterfahrung und Gotteserfahrung.[5] Gerade der Christ ist von der mühsamen Anstrengung der Selbstwerdung nicht befreit, ja der Glaube selbst lädt ihn ein auf den mühevollen Weg der Selbst- und Gottfindung. Diese Einheit von Menschwerdung – psychologisch: Individuation – und Gottfindung – theologisch: Nachfolge – ist wiederherzustellen. Christliche Existenz geschieht nicht jenseits der eigenen Selbstwerdung, sondern ist ihr integraler Bestandteil. Nachfolgepraxis, Hingabe und Absehen von sich selbst suspendiert nicht vom mühevollen Weg der Individuation, sie ist vielmehr ihre christlich-alternative Variante. Selbsthingabe und Selbstwerdung können also kein Gegensatzpaar sein.

• Der tiefste theologische Grund, nach den psychischen Wurzeln des Glaubens zu fragen mit Hilfe der Tiefenpsychologie, liegt im *Offenbarungsgeschehen* selbst und dem in ihm auszumachenden Inkarnationsprinzip. Die Offenbarung Gottes ist in der jüdisch-christlichen Tradition untrennbar verbunden mit der Menschwerdung von einzelnen und Gruppen.[6] Da, wo sich Jahwe dem Volk Israel offenbart, dort wird das Volk selbst in einen neuen Status des Subjektseins hinübergeführt. Dort, wo Jesus heilend und verkündend das Reich Gottes ansagt, dort erfahren Menschen an sich diese Heilung in ihrer körperlichen und psychischen Dimension. Dieses Junktim von Heilen und Verkünden hat in der Glaubenspraxis der frühen Kirche dazu geführt, daß nach dem Zeugnis des Origines die ersten Christen unter anderem als »Therapeutes« bezeichnet wurden.
Der heutige Erfahrungsverlust des Glaubens, der ja auch die Nachfrage nach Psychologie speist, ist jedoch im Glauben selbst keineswegs angelegt, er gehört nicht zu seinem Wesen. Seine Unanschaubarkeit und Abstraktheit, die am Berg Sinai begann und von Jesus von Nazareth in radikaler Weise überwunden wurde, ist Ergebnis eines langen geschichtlichen Prozesses. Bis ins hohe Mittelalter bezeichnete das überlie-

ferte Glaubensgut keineswegs nur erinnerte Ereignisse der Vergangenheit, sondern es schloß immer auch gegenwärtige Erfahrungen ein. Zu diesem großen Feld sinnlich wahrnehmbarer Erscheinungsweisen Gottes gehörten die Kunst, vor allem die Architektur, und das Bild, dann auch mystische Vorstellungen, Visionen und Träume, Geschichten und Legenden, die reiche Symbolwelt des Mittelalters, das rituelle Erlebnis der Liturgie.

Erst mit der Aufklärung wurden diese sinnlichen Erfahrungsweisen des Glaubens vom Inhalt dessen abgekoppelt, was künftig als »die Offenbarung« bezeichnet wurde. Das heute immer stärker werdende Bedürfnis nach Unmittelbarkeit und Erlebnisnähe im religiösen Bereich läßt sich als spätes Symptom der Spaltung zwischen psychologischer Erfahrung und Glaubensüberlieferung verstehen.

Modelle der Zusammenarbeit

Der Versuch, Psychologie und Glaube in Verbindung zu bringen, ist also eine Art verspäteter Bewältigung der Aufklärung und ihrer Folgen. Dabei hat die Theologie jedoch kritisch vorzugehen, ohne Berührungsangst, jedoch wissend, daß sie die Aufklärung nicht dadurch bewältigt, daß sie alles übernimmt, was sich anbietet. Schließlich bedarf auch die Aufklärung – und Psychologie ist eine typische Aufklärungswissenschaft – der Aufklärung über sich selbst. Der Dialog der Theologie mit der Psychologie bedarf also immer auch der Reflexion über den Modus des Gesprächs mit einer ihm zunächst fremden Disziplin.[7] Ich nenne drei Formen des Zusammenarbeit:

1. Lange Zeit bestimmte das sogenannte »*ancilla*«-*Modell*[8] das Verhältnis von Humanwissenschaften und Praktischer Theolo-

gie. Dabei wurden die psychologischen Wissensbestände den Zielvorgaben der Theologie einfach untergeordnet. Der Vorteil dieses Modells war, daß die eigene theologische Position erhalten blieb, jedoch um den Preis, die Wissensbestände der Partnerdisziplin so einzuengen, zu reduzieren oder zu verfälschen, daß diese sich zu Recht gegen eine solche Inanspruchnahme durch die Theologie zur Wehr setzten. Wenngleich freilich richtig ist, daß der Theologe seine eigene theologische Identität nicht aufgeben darf im Kontakt mit anderen Disziplinen, so litt das Modell »Psychologie als Hilfswissenschaft des Glaubens« doch daran, daß sich die Theologie als eine Art »höhere Instanz« gebärdete, die die Eigenständigkeit ihrer Partnerdisziplin nicht recht ernst nahm. Eine geradezu gefährliche Variante dieses Modells der Zusammenarbeit ist die Versuchung, die Psychologie als eine Art Anwendungswissenschaft zu benutzen. Ein solch pragmatischer Bezug zur Psychologie würde gerade einen fruchtbaren Dialog, der sich etwa an anthropologischen Grundfragen orientiert, unterbinden.

2. Eine zweite Phase der Zusammenarbeit ist gekennzeichnet durch das Modell der sogenannten *Fremdprophetie*.[9] Dem Wissensbestand einer anderen Wissenschaft wendet man sich zu in dem Bewußtsein, daß ihr darin vergessene Bestandteile ihrer eigenen Tradition wiederbegegnen. Prophetie im klassischen Sinne kann nur von außen, vom Fremden her kommen. Sie kann auf Vergessenes, Verschüttetes, Abgespaltenes oder Verdrängtes aufmerksam machen und es neu entdecken helfen. Die Gefahr des Fremdprophetiemodells liegt verständlicherweise darin, daß die Faszination eines anderen Wissensbestandes die kritische Auseinandersetzung mit ihm blockiert und zu kirchlichen Subkulturen führt mit der Tendenz, sich gegen andere Theorien und Verfahren zu immunisieren.

3. Ein drittes Modell der Zusammenarbeit ist die Orientierung an gemeinsamen *Optionen* oder Grundentscheidungen.[10] Sowohl Psychologie als auch Theologie begegnen sich in bestimmten Grundoptionen, die sie treffen: Beide Disziplinen be-

halten ihre je eigene Identität und begegnen sich an Konvergenzpunkten ihres gemeinsamen Interesses. Ich möchte drei solcher Konvergenzpukte nennen, an denen sich ein kritisch-konstruktiver Dialog zwischen Psychologie und Theologie entfalten kann und der Einsichten bereitstellt für die Glaubensvermittlung.

Das Subjektsein der Menschen

Der Glaube hat zu dem, was das Subjektseinkönnen der Menschen ausmacht, Unverzichtbares zu sagen, kann aber andererseits Wichtiges lernen von der Psychologie über den tatsächlichen Prozeß des Subjektwerdens. In einem solchen Dialog wäre von seiten des Glaubens etwa folgendes zu sagen: Da, wo sich Jahwe dem Volk offenbart, wie etwa im zentralen Ereignis des Exodus, wird das Volk selbst in den Status des Subjekts hinübergeführt. Dort, wo Jesus die Berührung mit den Aussätzigen zuläßt, wird dieser aus dem identitätslosen Zustand des Ausgegrenztseins hinübergeführt in einen neuen Status der Teilhabe am Leben. Wenn es aber nicht nur dabei bleiben soll, daß wir verbal behaupten, daß christlicher Glaube zum aufrechten Gang im Angesicht Gottes ermutigt und eintritt für das solidarische Subjektseinkönnen aller auf dieser Erde, dann müßten wir andererseits etwas verstehen von den konkreten Subjektwerdungsprozessen des Menschen. Da Glaubensvermittlung nicht jenseits dieser Menschwerdung vorkommt, bedarf es psychologischer Kenntnisse über die Prozesse, die unserer Menschwerdung zugrunde liegen, wie sie etwa die psychoanalytische Entwicklungspsychologie beschreibt.[11]
Wenn wir also von einem Gott ausgehen, der nichts so sehr will wie die Menschwerdung des Menschen, dann kann die Theologie nicht genug Interesse daran haben, etwas über jene

Vorgänge zu erfahren, in denen aus einem biologisch geborenen Menschenkind eine Person mit Autonomie und Individualität wird im dramatischen Prozeß seiner psychischen Geburt. Wir postulieren zwar theologisch, daß der Mensch von Anfang an Person ist, müssen jedoch zugestehen, daß er Subjekt erst wird in einem äußerst komplizierten psychologischen Prozeß seiner psychischen Genese. Wir haben es heute in der Psychotherapie zunehmend mehr mit Krankheitsbildern zu tun, in denen der Mensch psychisch gesehen eigentlich noch gar nicht geboren ist, in denen seine Subjektivität noch nicht entfaltet und sein Menschsein noch in frühen Phasen, etwa der Symbiose, »hängengeblieben« ist. Wenn Glaube sich hier subjektkonstituierend auswirken will, dann müssen seine Verkündiger Einsicht in jene Prozesse haben, in denen menschliche Persönlichkeit psychologisch entsteht.

Wenn die Seelsorge also bereit ist, die psychologischen Prozesse der Subjektwerdung zur Kenntnis zu nehmen und in sich zu verarbeiten, dann hat sie um des Dialogs willen auch ihren Beitrag zu leisten, um die Psychologie auf die von ihr vernachlässigten Aspekte der Menschwerdung aufmerksam zu machen. Wenn man also psychoanalytische und theologische Aussagen über den Menschen nicht als Gegensatz begreift, dann wird es möglich, daß kritische Einwände theologischerseits zur Sprache gebracht werden müssen, wenn es um die Bestimmung des Subjektseins des Menschen geht. Exemplarisch möchte ich einen zentralen theologischen Einwand nennen, der gegenüber der Psychologie geltend gemacht werden muß. Er lautet als Frage formuliert: Behauptet der Glaube nicht gerade eine Identität, die der Mensch erst und vor allem im Scheitern seiner natürlichen und sozialen Subjektwerdung von Gott her geschenkt bekommt? Verkündet die biblische Verheißung nicht gerade eine Rettung für die Opfer der Geschichte, für die unschuldig Vernichteten und um ihre Identität gebrachten Verlierer; wird die Wahrheit von der Solidarität Gottes mit den Leidenden, Zukurzgekommenen und Armen, seine Liebe zu den Sündern nicht

Lügen gestraft, wenn rein innerweltliche Identitätskonzepte und eine psychologisch positive Subjektwerdung im Hier und Jetzt von der Theologie so wichtig genommen werden? Verkommt Theologie nicht zu einer affirmativen Bestätigung dessen, was sowieso schon gedacht und gewußt wird, eine Gefahr, die bei einer unkritischen Übernahme gängiger Ganzheitsvorstellungen lauert? Und führt das nicht zu einer religiösen Verdoppelung der Welt, anstatt diese kritisch zu unterbrechen, wie es der Synodenbeschluß »Unsere Hoffnung« von 1975 formuliert?

Angesichts dieser Fragen kann die theologische Aussage, daß der Mensch und die Menschheit erst durch Gottes Auferweckungshandeln zu jener Vollendung und letztgültigen Identität gelangen können, die in Jesus Christus als dem von Gott im Tod geretteten und erhöhten Herrn vorgezeichnet ist, nicht genug betont werden.[12] Dieses Bekenntnis hält in allen psychologischen Identitätskonzepten eine Stelle offen und widersetzt sich dem Gedanken, daß Subjektwerdung ein geradliniger Prozeß sei, der Berechenbarkeit und Planbarkeit unterworfen. Wenn also theologisch daran festgehalten werden muß, daß die geschichtlich kontingenten, in Raum und Zeit stattfindenden Subjektwerdungsprozesse einzelner von Gottes innovatorischem Vollendungshandeln radikal überstiegen werden, so ist es doch nicht zulässig, daraus eine Gleichgültigkeit gegenüber dem konkreten und vereinzelten Menschen abzuleiten. Dies vor allem deshalb nicht, weil nach dem Zeugnis der jüdisch-christlichen Überlieferung Gottes Befreiungstat die Geschichte mit ihren konkreten Verhältnissen nicht einfach gleichsam archetypisch überspringt, sondern dort ihren Anfang nimmt.[13] So redet die Bibel immer wieder davon, wie Menschen oft in Zeiten extremer Gefährdungen und Konflikte ihr Subjektsein gefunden haben. Ein solcher Hinweis der Theologie auf die Grenzen der kommunikativen Selbstentfaltung des Menschen ist gerade in Zeiten besonders wichtig, in denen die Grenzen des Machbaren und Herstellbaren der Menschheit überdeutlich ins Angesicht treten. Ernst genommen wird ein solcher theologischer Hinweis von den Humanwissenschaften wohl erst dann, wenn diese spüren, daß sich die Theologie ihrerseits um die empirischen Prozesse des Subjektwerdens kümmert und sie zur Kenntnis nimmt.

Heilen durch Beziehung

Ein weiterer Konvergenzpunkt des Dialogs zwischen Glaube und Tiefenpsychologie ist das Verständnis dessen, was einen Menschen heil werden läßt. Mit einem Wort Martin Bubers läßt sich die Option für »Heilen durch Beziehung« so ausdrükken: »Die essentielle menschliche Wirklichkeit nicht mehr als eine des indviduellen Lebens zu sehen, sondern als etwas, das sich zwischen Mensch und Mensch, zwischen Ich und Du vollzieht.«[14]Was einen Menschen heil werden läßt, ist nicht eine Lehre oder eine Theorie, sondern die Beziehung. Der christliche Glaube bezeugt einen Gott, der in sich Beziehung ist, wie es sich im Bild von der göttlichen Dreifaltigkeit ausdrückt. Dieses ist die verdichtete Beziehungserfahrung, die Menschen in der Geschichte gemacht haben: Im Alten Testament erweist sich Gott als ein Bundesgott, der sich als Beziehungspartner der Menschen anbietet und sich dadurch offenbart als der »Ich-bin-der-ich-für-euch-da- bin«. Im Neuen Testament offenbart sich Gott in der Art von Beziehungen, die Jesus mit den Menschen eingeht. Im Kontakt mit ihm erfahren sie, wer Gott ist: Der »Abba«-Vater, der sich den Menschen freundlich zuwendet. In den Heilungsgeschichten ist die Heilung immer eingebunden in die Beziehung, die Jesus zu dem Kranken aufnimmt.[15]

Erst die genauere Erforschung der Bedeutung von Beziehungen durch die Psychoanalyse läßt uns die ganze Reichweite der in den Glaubensgeschichten der Bibel eingefangenen Bezie-

185

hungserfahrungen ermessen. Es gehört zu den wichtigsten Entdeckungen der Psychoanalyse, daß Heilung aus neurotischer Verstrickung nicht durch »Reden über« gelingt, sondern durch »Reden mit«. Nur wenn sich der Therapeut in das komplizierte Geflecht der Beziehung zwischen ihm und dem Ratsuchenden einläßt und so die kranken oder beschädigten Teile der Beziehungsfähigkeit eines Menschen ohne Verurteilung gelebt werden können, besteht die Chance der Durcharbeitung und Überwindung. Dazu muß sich der Therapeut wirklich einlassen und darf nicht in sachlicher Distanz verharren. In der modernen Psychoanalyse gibt es zwar heftige Kontroversen darüber, wie die Beziehung zwischen Analysand und Analytiker gestaltet sein soll, aber Übereinstimmung besteht darin, *daß* es die Beziehung ist, die heilend wirkt.

Dahinter steht die Auffassung, daß die psychische Entwicklung des Menschen ohne Beziehung nicht möglich ist. Zunächst ist es die Zwei-Personen-Beziehung zwischen Mutter und Kind, dann die Drei- und Mehr-Personen-Beziehung, die über zahlreiche Identifizierungs- und Verinnerlichungsprozesse zur Strukturbildung der Psyche führt. Dabei legt die Psychoanalyse Wert auf die Triebseite bzw. die unbewußten und konflikthaften Aspekte der Beziehung, Gesichtspunkte, welche sie in den Dialog mit der Theologie einzubringen hat. Die Theologie ihrerseits könnte auf die Begrenzung aller Beziehungen aufmerksam machen und auf die Tatsache, daß menschliche Kommunikation der Zuordnung auf etwas »Drittes« bedarf. Davon soll im folgenden Abschnitt die Rede sein.

Heilen durch Symbole

Beziehungen leben davon, daß sie sich ausdrücken, der Symbolisierung bedürfen. Deshalb hat sich auch das Stichwort Symbol zu einem Konvergenzbegriff zwischen Humanwissenschaften und Theologie entwickelt. Das Interesse am Symbolischen hat in der Psychoanalyse immer einen hohen Stellenwert gehabt. Im Gegensatz aber zu der religionskritischen Sicht Freuds, gerade auch im Bezug auf die religiösen Symbole, geht die moderne Psychoanalyse davon aus, daß die Symbole nicht etwas kulturell Beliebiges sind, welches zum Subjektsein des Menschen hinzutritt, sondern daß der Prozeß des Menschwerdens an den Umgang mit Symbolen gekoppelt ist.[16] Während Freud noch das Symbol mit einem neurotischen Symptom identifizierte, so gelangt die heutige Psychoanalyse gerade zu einer umgekehrten Einschätzung: Nicht mehr das Symbol wird als etwas letztlich Neurotisches betrachtet, sondern das Fehlen von Symbolen macht den Menschen krank. Aus der Psychotherapie wissen wir, wie das Fehlen von Symbolen krankmachen kann. Menschen, bei denen die Fähigkeit der Symbolbildung nicht entwickelt ist, verfügen nicht über die Kunst, sich symbolisch, d.h. in Distanz zur konkreten Wirklichkeit, zu bewegen und zu erleben. Wer nicht symbolisieren kann, ist ständig auf Bedürfnisbefriedigung angewiesen, muß sich ständig den ihn umgebenden Realitäten anpassen. Wen wundert's, daß ein solcher symbolloser Mensch genau hineinpaßt in die gängigen gesellschaftlichen Erfordernisse von Anpassung und widerstandslosem Funktionieren.

Die Unfähigkeit zu glauben, erweist sich so bei näherem Hinsehen nicht als ein Problem des Glaubens selbst, nicht als eine Krise der Inhalte, sondern als Symbolunfähigkeit, also eine Krise der Praxis. Hier hätten etwa unsere Gemeinden in einer solchen präkatechumenalen Situation der Symbolunfähigkeit ein weites pastorales Feld vor sich. Die Psychoanalyse lehrt uns, daß die Symbolfähigkeit nur gelernt wird in intensiven Prozessen der Erfahrung mit sich und mit anderen, also an Beziehungen gebunden ist. Gemeinde müßte also ein solches Erfahrungsfeld sein, damit Menschen überhaupt innerlich bereit und fähig werden, die Botschaft des Glaubens zu verstehen.

Nur wenn die Christen wieder mehr von den innerpsychischen Konflikten verstehen, die sich etwa um Fragen von Liebe und Haß, von Leben und Tod, von Neuwerden und Wiedergeburt drehen, dann erahnen sie, wie sehr diese Themen in den rituellen Vollzügen der Liturgie aufgehoben sind und dort eine Lösung als Antwort Gottes erfahren. Während jedoch die Psychoanalyse die Symbole als Produktionen menschlicher Seelentätigkeit auffaßt, so hätte hier die Theologie darauf hinzuweisen, daß die Symbole Niederschlag geschichtlicher Erfahrung sind, die Menschen mit Gott gemacht haben, und sich nicht einfach archetypisch vereinnahmen lassen. Gerade was das Verständnis der Symbole angeht, hat zwar die Tiefenpsychologie C.G. Jungs Wichtiges einzubringen, jedoch ist die Gefahr der archetypischen Auflösung geschichtlicher Erfahrungen besonders groß. Gerade hier bedarf es des *kritischen Dialogs* zwischen beiden Wissenschaften, der etwa im Modell der Fremdprophetie kaum möglich ist.

Es ist kein Zufall, daß ein atheistischer Psychoanalytiker, Alfred Lorenzer, die katholische Kirche auf die Folgen aufmerksam machen wollte, die die Liturgiereform des II. Vatikanums im Hinblick auf die Tiefenschichten der menschlichen Seele hat.[17] Die symbolisch-rituelle Ebene des Menschen erreicht eine Tiefenschicht in der Seele, die man gemeinhin mit dem Unbewußten bezeichnet, und die den Menschen widerständig macht gegen reines Funktionieren und zweckrationales Handeln. Gerade diese widerständige Kraft der Symbole im kirchlichen Vollzug zu entdecken, ist eine noch zu bewältigende Aufgabe der Theologie. Hierbei kann sie auf die Tiefenpsychologie als kompetenten Gesprächspartner zurückgreifen. Ein entschiedenes Plädoyer für das Symbolische ist kein beliebiges psychologisches oder theologisches Thema, sondern greift tief ein in die Zusammenhänge und Gefährdungen unserer Welt. Es plädiert für eine neue Rationalität, die auch den seelischen Innenraum des Menschen als gleich wirksam und wirklich anerkennt wie die äußere Wirklichkeit. Eine solche Rationalität der Ganzheit ist notwendig, wenn sich Gespaltenes zusammenfügen und Gott wieder der ganze Gott sein soll.

Anhang

Anmerkungen

Kapitel 1: Der halbierte Gott

1 Diesen Mechanismus hat unter Rückgriff auf die Theorien Melanie Kleins ausführlich Otto Kernberg beschrieben: O. Kernberg, Objektbeziehung und Praxis der Psychoanalyse, Stuttgart 1981; Ders., Schwere Persönlichkeitsstörungen. Theorie, Diagnose, Behandlungsstrategien, Stuttgart 1988

2 O. Kernberg (1988) 27f. Eine gute Zusammenfassung dieser Problematik gibt H. Müller-Pozzi, Psychoanalytisches Denken, Bern-Stuttgart-Toronto 1991, 183-190.

3 Chr. Rohde-Dachser, Das Borderline-Syndrom, Bern-Stuttgart- Wien ³1983, 170

4 Vgl. Chr. Rohde-Dachser, ebd.

5 W. Giegerich, Die Atombombe als seelische Wirklichkeit. Versuch über den Geist des christlichen Abendlandes, Basel 1988, 282-299

6 Vgl. J. Hahn, Das »goldene Kalb«, Frankfurt/M. 1981

7 Vgl. G. Baudler, Erlösung vom Stiergott, München-Stuttgart 1988, 62-65

8 Die »Erlösung vom Stiergott«, worin Baudler (1989) den Fortschritt des Christentums sieht, ist also ein höchst zwiespältiges Phänomen, denn der »Stier« könnte helfen, die sinnlich-naturhafte und bildhaft-anschaubare Seite Gottes zurückzugewinnen.

9 Zur aktuellen Monotheismus-Diskussion unter diesem Aspekt vgl. die Beiträge in dem Sammelband: M.Th. Wacker/E. Zenger (Hg.), Der eine Gott und die Göttin. Gottesvorstellungen des biblischen Israel im Horizont feministischer Theologie, Freiburg-Basel-Wien 1991

10 Vgl. dazu F.E. von Gagern, Der andere Gott. Christsein ohne Angst, München 1990, 78-90

11 Die Auseinandersetzung Eugen Drewermanns mit dem kirchlichen Lehramt ist ein typisches Beispiel für das Aufeinandertreffen eines extrem subjektiven mit einem extrem objektiven Got-

tesbild. Hier ist jede Entweder-oder-Position eine Zementierung des Dualismus. Was nottut ist die Brücke, auf der beide Positionen im Sinne einer gegenseitigen Bezogenheit und kritischen Korrelation in Kontakt treten können.

12 F.E. von Gagern, ebd., 139
13 Vgl. K.D. Hoppe, Gewissen, Gott und Leidenschaft. Theorie und Praxis psychoanalytisch orientierter Psychotherapie von katholischen Klerikern, Stuttgart 1985
14 Vgl. S. Freud, Die Zukunft einer Illusion, 1927, G.W. XIV, 372. Eine knappe Zusammenfassung der Position Freuds findet sich bei: B. Grom, Religionspsychologie, München-Göttingen 1992, 84-96
15 So die bekannte Unterscheidung E. Fromms, der die negative Einschätzung der Religion überwand und davon ausging, daß es auch eine nicht auf Abwehr beruhende und im Über-Ich wurzelnde Religiosität gibt, sondern eine ausdrucksorientierte und im Ich verankerte Form der Religion. Zum psychodynamischen Hintergrund vgl. E. Fromm, Die Furcht vor der Freiheit, Frankfurt/M. 1966, 142-177
16 Vgl. dazu P. Schellenbaum, Stichwort Gottesbild, Stuttgart 1981, 129-147
17 Vgl. dazu ausführlich D. Funke, Im Glauben erwachsen werden, München [2]1990
18 Vgl. hierzu ausführlich G. Baudler, Gott und Frau. Die Geschichte von Gewalt, Sexualität und Religion, München 1991
19 Ebd., 360
20 Zum Thema »Angst und Kirche« vgl. W. Beinert, Heilender Glaube, Mainz 1990, 77-127
21 Diese Dynamik beschreibt zusammenfassend und ausführlich Chr. Rohde-Dachser, ebd., 154-171

Kapitel 2: Das Auseinandertreten von Heil und Heilung, Religion und Psyche

1 E. Biser, Theologie als Therapie, Heidelberg 1985, 91
2 Vgl. Jankuhn, Der Ursprung der Hochkulturen, in: Propyläen Weltgeschichte, hg. von G. Mann und A. Heuß, Berlin 1960, 573-600
3 So etwa E. Drewermann, Tiefenpsychologie und Exegese, Bd. 2, Olten 1985, 114-123
4 Vgl. D. Funke, Im Glauben erwachsen werden, München ²1990, 71-99; Ders., Vom Ding zum Symbol, in: Wege zum Menschen 38 (1986) 29-44
5 Vgl. dazu E. Biser, ebd., 98-106
6 A. Lorenzer, Freud, Die Natürlichkeit des Menschen und die Sozialität der Natur, in: Psyche 42 (1988) 426-438
7 Vgl. dazu D. Funke, »Intimes Leid« – Gefahren und Chancen für christliches Hilfehandeln, in: I. Cremer/D. Funke (Hg.), Diakonisches Handeln. Herausforderungen – Konfliktfelder – Optionen, Freiburg 1988, 47-55. Zum gesellschafts-diakonischen Ansatz vgl. H. Steinkamp, Diakonie – Kennzeichen der Gemeinde. Entwurf einer praktisch-theologischen Theorie, Freiburg 1985; Ders., Sozialpastoral, Freiburg 1991
8 Vgl. K. Hoppe, Gewissen, Gott und Leidenschaft, Stuttgart 1985, 142
9 O. Pfister, Analytische Seelsorge, Göttingen 1927
10 Zur inzwischen klassischen Diskussion vgl. den Sammelband V. Läpple/H. Scharfenberg (Hg.), Psychotherapie und Seelsorge, Darmstadt 1977
11 Paradigmatisch für diese Veränderung ist die Arbeit von Hoppe, ebd., die aus seiner Psychotherapiepraxis mit Klerikern entstanden ist und – unter Einbeziehung von Kohuts Selbstpsychologie zu einer positiven Bewertung der Religion kommt. Etwas skeptischer dagegen zeigt sich der Autor heute: K. D. Hoppe, Kleriker, Kirche und Psychoanalyse – Ideal eines Psychogramms?, in: Wege zum Menschen 43 (1991) 306-317
12 K. Jaspers, Wesen und Kritik der Psychotherapie, München 1955, 22 f.
13 Der Begriff »psyches therapeia« taucht erstmals in Platons Frühwerk »Laches« auf.

Kapitel 3: Der Verlust der Bilder im Christentum

1 Vgl. P. Plank, Das ambivalente Verhältnis der Alten Kirche zum Bild, in: H.-J. Schulz/J. Speigl (Hg.), Bild und Symbol, Würzburg 1988, 49-63. Vgl. auch die anderen Beiträge dieses Bandes

2 E. Drewermann, Tiefenpsychologie und Exegese, Bd. 1, Olten 1984, 16

3 Vgl. D. Neuhaus, Der Schatten der Bilder. Versuch eines Protestanten, den Bildern ins Wort zu fallen, in: Welch ein Mensch? Entwürfe 4, München 1987, 79-114

4 Vgl. Chr. Schönborn, Bilderstreit und Bilderkult, in: H.-J. Schulz/J. Speigl (Hg.), Bild und Symbol, Würzburg 1988, 11-29

5 Die älteste Ritzzeichnung auf einer Ochsenrippe, gefunden im Tal der Dordogne, ist ca. 200 000 Jahre alt und ist wahrscheinlich als ein Paar Stierhörner zu deuten. Vgl. dazu G. Baudler, Erlösung vom Stiergott, München-Stuttgart 1989, 203 ff.

6 Vgl. D.W. Winnicott, Vom Spiel zur Kreativität, Stuttgart 1979, 128-135

7 S. Freud, Die Traumdeutung (1900), GW II/III

8 Vgl. A. Lorenzer, Freud, Die Natürlichkeit des Menschen und die Sozialität der Natur, in: Psyche 42 (1988) 426-438

9 J.B. Metz, Glaube in Geschichte und Gesellschaft, Mainz 1977, 176

10 Diesen kommunikativen Ansatz entwirft H. Wahl, Pastoralpsychologie – eine Grunddimension Praktischer Theologie. Ein Dialogvorschlag zum Streit um Eugen Drewermanns »tiefenpsychologische« Remythisierung christlicher Lehre und Praxis, in: Münchener Theologische Zeitschrift 39 (1988) 23-46

11 So der Ansatz von H. Wahl, Pastoralpsychologie – Teilgebiet und Grunddimension Praktische Theologie, in: I. Baumgartner (Hg.), Handbuch der Pastoralpsychologie, Regensburg 1990, 41-61

Kaptiel 4: Das halbierte Selbst: Persönlichkeitsstruktur und Fundamentalismus

1 Vgl. G. Hohle, Fundamentalismus, Dogmatismus, Fanatismus: Der Konsequenzzwang in der Persönlichkeitsstruktur und die Chance der Toleranz, in: P.M. Zulehner (Hg.), Pluralismus in Gesellschaft und Kirche, München 1988, 56-85

2 Zur Persönlichkeitstypologie und Charakterlehre vgl. neben dem Klassiker F. Riemann, Grundformen der Angst, München 1975, jetzt auch: K. König, Kleine psychoanalytische Charakterkunde, Göttingen 1992

3 Vgl. P. Parin, Der Widerspruch im Subjekt. Ethnopsychoanalytische Studien, Frankfurt/M. 1983; M. Erdheim, Die gesellschaftliche Produktion von Unbewußtheit. Eine Einführung in den ethnopsychoanalytischen Prozeß, Frankfurt/M. 1984

4 Ich beziehe mich dabei vor allem auf den selbstpsychologischen Ansatz von Heinz Kohut und sein Konzept des bipolaren Selbst

5 Vgl. M. Mahler u.a., Die psychische Geburt des Menschen. Symbiose und Individuation, Frankfurt/M. 1975; S. Mentzos, Neurotische Konfliktverarbeitung, Frankfurt/M. 1982, 88-104

6 Vgl. S. Freud, Das Unbehagen in der Kultur, 1930, GW XIV, 474-481

7 H. Müller-Pozzi, Gott – Erbe des verlorenen Paradieses, in: Wege zum Menschen 33 (1981) 191-203

8 Diese Skizze entnehme ich meinem Beitrag in dem von H. Kochanek herausgegebenen Band: Die verdrängte Freiheit. Fundamentalismus in den Kirchen, Freiburg/Br. 1991, 91; dazu ausführlich: D. Funke, Vom ›Ding‹ zum Symbol, ebd.

9 Zum Symbol können alle »Dinge« werden, die eine überindividuelle Bedeutung transportieren und deren Funktion in nichts anderem besteht, als Bedeutungsträger zu sein: Texte (Geschichten, Märchen, Literatur), Personen (Gesten, Rituale), die Dingwelt und die Kunst. Wenn Symbole ihre Bedeutungen verloren haben, sprechen wir von Klischees. Diese lösen keine emotionale Betroffenheit mehr aus und werden stereotyp wiederholt. Von Zeichen sprechen wir, wenn ihre Bedeutung eindeutig ist und menschliches Verhalten steuert. Zeichen sind affektlos und berühren nicht die innere Erlebniswelt des Menschen.

10 Zum Auftreten der Symbolisierungsfähigkeit in der Evolution beim »Homo sapiens sapiens« vor etwa 40 000 Jahren, bedingt durch die »Entriegelung der Stirn«, vgl. G. Baudler, Gott und Frau, München 1991, 112-123

Kapitel 5: Die entsinnlichte Liturgie

1 Zur Einteilung der Symbole vgl. A. Lorenzer, Das Konzil der Buchhalter, Frankfurt/M. 1981
2 Vgl. J. Scharfenberg/H. Kämpfer, Mit Symbolen leben, Olten 1980
3 Vgl. J. Pascher, Die Liturgie der Sakramente, Münster 1955; J. Huizinga, Homo ludens (1956), Hamburg 1981
4 Vgl. ausführlich D. Funke, Vom ›Ding‹ zum Symbol, in: WzM 38 (1986) 29-44; auch; Ders., Symbol/Ritual, in: Chr. Bäumler/N. Mette (Hg.), Gemeindepraxis in Grundbegriffen, München-Düsseldorf 1987, 379-388
5 F. Schupp, Glaube – Kultur – Symbol. Versuch einer kritischen Theorie sakramentaler Praxis, Düsseldorf 1974
6 D. Zadra/A. Schilson, Symbol und Sakrament, in: Christlicher Glaube in moderner Gesellschaft, Bd. 28, Freiburg/Br.-Basel-Wien 1982, 85-150; 133
7 K.H. Bieritz, Gottesdienst als »offenes Kunstwerk«? Zur Dramaturgie des Gottesdienstes, in: Pastoraltheologie 75 (1986) 358-373

Kapitel 6: Die entmachtete Sexualität

1 Vgl. M. Foucault, Dispositive der Macht. Über Sexualität, Wissen und Wahrheit, Berlin 1978, 82-95
2 E. Neumann, Amor und Psyche. Eine tiefenpsychologische Deutung, Olten 1971

3 »Mit Psyches Tat kommt es, wie wir gesehen haben, zu einer neuen ›psychischen Situation‹ ... Die Phase der Trennung der Ureltern und die Entstehung des Gegensatzprinzips ist erreicht. Das Licht des Bewußtseins ... bricht in die vorherige Situation ein und wandelt die unbewußte Identität in die polare Bezogenheit der Gegensätze aufeinander, wobei diese Gegensätzlichkeit im Unbewußten der Psyche bereits vor dieser Tat konstelliert war, ja gerade zu dieser Tat geführt hat.« Ebd. 132

4 Vgl. W. Pannenberg, Anthropologie in theologischer Perspektive, Göttingen 1983, 415-431

5 Vgl. F. Böckle, Geschlechterbeziehung und Liebesfähigkeit, in: Christlicher Glaube in moderner Gesellschaft, Bd. 6, Freiburg 1981, 145-151; E. Drewermann, Psychoanalyse und Moraltheologie, Bd. 2: Wege und Umwege der Liebe, Mainz 1983, 162-191

6 Diesen Zusammenhang hat ausführlich beschrieben A. Lorenzer, Sprachspiel und Interaktionsformen, Frankfurt/M. 1977; Ders., Freud, Natürlichkeit des Menschen – Sozialität der Natur, in: Psyche 42 (1988) 426-438; dazu auch S. Zepf, Narzißmus, Trieb und Produktion von Subjektivität, Berlin 1985

7 Vgl. S. Freud, Drei Abhandlungen zur Sexualtheorie, 1905, GW V, 27-145

8 Vgl. M. Erdheim, Wie familiär ist der Psychoanalyse das Unbewußte? Über homogene und heterogene Psychoanalyse, in: Chr. Rohde-Dachser (Hg.), Zerstörter Spiegel. Psychoanalytische Zeitdiagnosen, Göttingen 1990, 17-31

9 Vgl. G. Bachl, Eros und Tod; R. Volp, Ars amandi und ars moriendi. Eros und Tod als kulturelles Erbe und religiöse Aufgabe, beide in: Kunst und Kirche 50 (1987) 90-91; 92-97

10 D. Sölle, Lieben und Arbeiten, Stuttgart 1985, 155

11 S. Freud, Das Unbehagen in der Kultur, 1930, GW XIV, 477

12 W. Bartholomäus, Unterwegs zum Lieben. Erfahrungsfelder der Sexualität, München 1988, 51-96

13 M.L. Möller, »Wir wollen lieben, aber wissen nicht wie«. Zur Psychoanalyse von Paarbeziehungen und sexuellem Erleben, in: Chr. Wulf (Hg.), Lust und Liebe, München 1985, 41-73, hier 64

14 S. Freud, Die Frage der Laienanalyse (1926) GW XIV, 207-296; 270

Kapitel 7: Therapeutische Seelsorge

1 Vgl. D. Funke, »Intimes Leid« – Gefahren und Chancen für christliches Hilfehandeln, in: I. Cremer/D. Funke, Diakonisches Handeln. Herausforderungen – Konfliktfelder – Optionen, Freiburg/Br. 1988, 47-55

2 Roßstraße 79, 4000 Düsseldorf 30, Tel. 0221/452878, Träger des Beratungsdienstes ist die deutsche Provinz der Montfortaner Patres.

3 Vgl. S. Freud, 1948, 293

4 Vgl. E. Drewermann, Kleriker. Psychogramm eines Ideals, Olten 1989, 340-368

5 Vgl. P. Eicher, Offenbarung. Prinzip neuzeitlicher Theologie, München 1977

6 Vgl. G. und R. Blanck, Ich-Psychologie II, Stuttgart 1980, 29-44

7 Vgl. D. Funke, Im Glauben erwachsen werden, München 1990, 23-70

8 Vgl. F. Diergarten, Psychoanalytische Therapie. Perspektiven, Variationen. Zwischen Symbiose und Lebensform, in: Zeitschrift für psychoanalytische Psychotherapie 7 (1985) 1-49

9 K. Frielingsdorf, Vom Überleben zum Leben. Wege zur Identitäts- und Glaubensfindung, Mainz 1989

10 P. Kutter, Moderne Psychoanalyse. München-Wien 1989, 277

11 Vgl. D.W. Winnicott, Reifungsprozesse und fördernde Umwelt, Frankfurt/M. 1974, 182-199

12 Vgl. K.D. Hoppe, Gewissen, Gott und Leidenschaft, Stuttgart 1985, 63-82

13 H. Kohut, Narzißmus, Frankfurt/M. 1973, 336-368; J. Scharfenberg, Narzißmus, Identität und Religion, in: Psyche 27 (1973) 949-966

14 Vgl. A. Gruen, Der Verrat am Selbst, München 1984

15 K.D. Hoppe, ebd., 46

16 Vgl. D. Funke, Vom ›Ding‹ zum Symbol, in: Wege zum Menschen 38 (1986) 29-44

17 A. Lorenzer, Das Konzil der Buchhalter, Frankfurt/M. 1981, 109-117

18 H. Stenger (Hg.), Eignung für die Berufe der Kirche, Freiburg/Br.-Basel-Wien 1988, 60

Kapitel 8: Ein Glaube, der nicht überfordert

1 Vgl. A. Gruen, Der Verrat am Selbst, München 1984; K.D. Hoppe, Gewissen, Gott und Leidenschaft, Stuttgart 1985
2 D.W. Winnicott, Reifungsprozesse und fördernde Umwelt, Frankfurt/M. 1974, 182-199
3 Vgl. dazu B. Barde, Psycho- und soziodynamische Aspekte von Streß-Situationen in der Klinik, in: WzM 39 (1987) 483-503
4 Vgl. ebd., 487
5 Vgl. S. Freud, Das Unbehagen in der Kultur, 1930, GW XIV, 419-506
6 Vgl. S. Freud, Formulierungen über zwei Prinzipien des psychischen Geschehens, GW VIII, 1911, 229-238
7 Ebd., 233
8 Vgl. S. Freud, Massenpsychologie und Ich-Analyse, 1921, GW XIII, 71-161, hier 98
9 Vgl. dazu D. Funke, Religion als Geborgenheit?, in: Theologie der Gegenwart 32 (1989) 95-103
10 Vgl. R. Spitz, Nein und Ja. Die Ursprünge der menschlichen Kommunikation, Stuttgart 1960; vgl. auch P. Schellenbaum, Das Nein in der Liebe, Stuttgart 1984
11 Vgl. E. Berne, Was sagen Sie, nachdem Sie »Guten Tag« gesagt haben? Psychologie des menschlichen Verhaltens, München 1975, 33- 37

Kapitel 9: Heilung allein durch Bilder?

1 E. Drewermann, Die Revolution der Liebe und der Träume, in: Publik-Forum 20 (1991) Nr. 22, 18-20, 20
2 »Bild« versteht sich hier als Chiffre für jede Art visueller Produktion: Symbol, Ritual, Mythos, Kunst usw. Zur Systematisierung vgl. K.S. Langer, Philosophie auf neuen Wegen, Frankfurt/M. 1965
3 Vgl. E. Drewermann, Tiefenpsychologie und Exegese, Bd. 1, Olten 1984, 15: 230 f.

4 Ders., Psychoanalyse und Moraltheologie, Bd. 3: An den Grenzen des Lebens, Mainz 1984, 260

5 Vgl. B. Grom, Die Archetypenlehre – eine Sackgasse. Zur Sakralisierung des Unbewußten, in: Stimmen der Zeit, 113 (1988) 604-612

6 Ich stimme der pastoralpsychologischen Diagnose H. Wahls voll zu, der das nicht erledigte Theorie-Praxis-Problem bei Drewermann (und bei seinen Kontrahenten Lohfink und Pesch) auf den Punkt gebracht hat: H. Wahl, Pastoralpsychologie – eine Grunddimension Praktischer Theologie. Ein Dialogvorschlag zum Streit um Eugen Drewermanns »tiefenpsychologische« Remythisierung christlicher Lehre und Praxis, in: Münchener Theologische Zeitschrift 39 (1988) 23-46

7 Vgl. dazu neben den Arbeiten von A. Lorenzer vor allem auch J. Belgrad u.a., Zur Idee einer psychoanalytischen Sozialforschung. Dimensionen szenischen Verstehens, Frankfurt/M. 1989; H. Dahmer, Brauchen wir eine kritische Theorie der Individuen?, in: H.-M. Lohmann (Hg.), Die Psychoanalyse auf der Couch, Frankfurt/M.- Paris 1984, 75-87; S. Zepf, Narzißmus, Trieb und die Produktion von Subjektivität, Berlin-Heidelberg 1985

8 M. Erdheim, Die gesellschaftliche Produktion von Unbewußtheit. Eine Einführung in den ethnopsychoanalytischen Prozeß, Frankfurt/M. 1984; P. Parin, Der Widerspruch im Subjekt. Ethnopsychoanalytische Studien, Frankfurt/M. 1978

9 S. Freud, Das Unbehagen in der Kultur, 1930, GW XIV, 419-506

10 Vgl. dazu die Arbeiten von A. Lorenzer, besonders: Freud, Die Natürlichkeit des Menschen und die Sozialität der Natur, in: Psyche 42 (1988) 426-438

11 A. Lorenzer, Tiefenhermeneutische Kulturanalysen, in: Ders. (Hg.), Kultur-Analysen, Frankfurt/M. 1986, 11-98, 45

12 J. Habermas, Erkenntnis und Interesse, Frankfurt/M. 1968, 300

13 F. Sulloway, Freud. Biologe der Seele, Köln 1982

14 Zur Theorie Lorenzers vgl. die Arbeit von G. Wilhelms, Sinnlichkeit und Rationalität. Der Beitrag Alfred Lorenzers zu einer Theorie religiöser Sozialisation, Stuttgart-Berlin-Köln 1991, bes. 74-95

15 E. Drewermann (1984), 63 f.

16 G. Lohfink/R. Pesch, Tiefenpsychologie und keine Exegese,

Stuttgart 1987; vgl. dazu Drewermanns Antwort: »An ihren Früchten sollt ihr sie erkennen«, Olten 1988

17 Vgl. H. Wahl, ebd., 35

18 E. Drewermann, Tiefenpsychologie und Exegese, Bd. 1, Olten 1984, 67

19 Ebd., 67-69

20 D. Funke, Tradition und Interaktion. Praktisch-theologische Studien zur Themenzentrierten Interaktion nach Ruth C. Cohn, Frankfurt/M.-Bern-New York 1984

21 W. Fürst, Praktisch-theologische Urteilskraft, Zürich-Einsiedeln- Köln 1986

22 G. Wilhelm, ebd., 160-185

Ausblick: Glaube und (Tiefen-)Psychologie

1 Vgl. T. Leithäuser u.a., Entwurf zu einer Empirie des Alltagsbewußtseins, Frankfurt/M.1977; G.A. Kelly, Die Psychologie der persönlichen Konstrukte, Paderborn 1986

2 Vgl. hierzu A. Schütz, Das Problem der Relevanz, Frankfurt/M. 1971

3 Vgl. N. Mette, Theorie der Praxis, Düsseldorf 1978

4 Vgl. E. Biser, Theologie als Therapie. Zur Wiedergewinnung einer verlorenen Dimension, Heidelberg 1985, bes. 93-115; ebenso: E. Drewermann, Psychoanalyse und Moraltheologie, Bd. 1: Angst und Schuld, Mainz 1982, 163-178

5 Vgl. H. Peukert, Kommunikative Freiheit und absolut befreiende Freiheit. Bemerkungen über Karl Rahners These über die Einheit von Nächsten- und Gottesliebe, in: H. Vorgrimler (Hg.), Wagnis Theologie, Freiburg/Br. 1979, 274-283

6 Vgl. D. Funke, Verkündigung zwischen Tradition und Interaktion. Praktisch-theologische Studien zur Themenzentrierten Interaktion (TZI) nach Ruth C. Cohn, Frankfurt/M. 1984, 24-57

7 Vgl. I. Baumgartner, Psychologie und Glaube, Teil 1, in: Pastoralblatt 40 (1988) 325-333; vgl. auch: W. Fürst/I. Baumgartner, Leben retten. Was Seelsorge zukunftsfähig macht, München 1990

8 H. Steinkamp, in: N. Mette/H. Steinkamp, Sozialwissenschaften und Praktische Theologie, Düsseldorf 1983, 166-168

9 Unter Bezug auf P. Tillich prägte J. Scharfenberg den Begriff, vgl. Ders., Religion zwischen Wahn und Wirklichkeit, Hamburg 1972

10 Steinkamp spricht vom »Paradigma konvergierender Optionen«, ebd., 170-172

11 Die psychischen Grundlagen sind skizziert in: D. Funke, Im Glauben erwachsen werden, München [2]1990, 23-66

12 Vgl. H. Kessler, Der Begriff des Handelns Gottes. Überlegungen zu einer unverzichtbaren theologischen Kategorie, in: H.U. von Brachel/N. Mette (Hg.), Kommunikation und Solidarität. Beiträge zur Diskussion des handlungstheoretischen Ansatzes von Helmut Peukert in Theologie und Sozialwissenschaften, Münster-Fribourg 1985, 117-130

13 Vgl. J.B. Metz, Zeit der Orden? Zur Mystik und Politik der Nachfolge, Freiburg/Br. 1977, 58

14 M. Buber (1953), Gemeinschaft und Umwelt, zit. nach: W. Loch, Studien zur Dynamik, Genese und Therapie der frühen Objektbeziehungen, in: P. Kutter (Hg.), Psychologie der zwischenmenschlichen Beziehungen, Darmstadt 1982, 225-254, hier 251

15 Vgl. I. Baumgartner, Pastoralpsychologie, Düsseldorf 1990, 93-109

16 Vgl. dazu ausführlicher D. Funke, Vom Ding zum Symbol, in: Wege zum Menschen 38 (1986) 29-44; Ders., Symbol/Ritual, in: Chr. Bäumler/N. Mette (Hg.), Gemeindepraxis in Grundbegriffen, München-Düsseldorf 1987, 379-388

17 A. Lorenzer, Das Konzil der Buchhalter. Die Zerstörung der Sinnlichkeit: Eine Religionskritik, Frankfurt/M. 1981

Literaturverzeichnis

Bachl, G., Eros und Tod, in: Kunst und Kirche 50 (1987) 90-91

Bartholomäus, W., Unterwegs zum Lieben. Erfahrungsfelder der Sexualität, München 1988

Bäumler, Chr./Mette, N. (Hg.), Gemeindepraxis in Grundbegriffen, München-Düsseldorf 1987

Baudler, G., Erlösung vom Stiergott. Christliche Gotteserfahrung im Dialog mit Mythen und Religionen, München 1989

Ders., Gott und Frau. Die Geschichte von Gewalt, Sexualität und Religion, München 1991

Baumgartner, I., Psychologie und Glaube, Teil 1, in: Pastoralblatt 40 (1988) 325-333

Ders., Pastoralpsychologie, Düsseldorf 1990

Beinert, W., Heilender Glaube, Mainz 1990

Belgrad, J. u. a., Zur Idee einer psychoanalytischen Sozialforschung. Dimensionen szenischen Verstehens, Frankfurt/M. 1989

Bieritz, K. H., Gottesdienst als »offenes Kunstwerk«? Zur Dramaturgie des Gottesdienstes, in: Pastoraltheologie 75 (1986) 358-373

Biser, E., Theologie als Therapie. Zur Wiedergewinnung einer verlorenen Dimension, Heidelberg 1985

Blanck, G. u. R., Ich-Psychologie II, Stuttgart 1980

Böckle, F., Geschlechterbeziehung und Liebesfähigkeit, in: Christlicher Glaube in moderner Gesellschaft, Bd. 6, Freiburg/Br. 1981, 109-153

Brachel, H. U. von/Mette, N. (Hg.), Kommunikation und Solidarität. Beiträge zur Diskussion des handlungstheoretischen Ansatzes von Helmut Peukert in Theologie und Sozialwissenschaften, Münster-Fribourg 1985

Drewermann, E., Psychoanalyse und Moraltheologie, Bd 1: Angst und Schuld, Mainz 1982; Bd. 2: Wege und Umwege der Liebe, Mainz 1983, Bd. 3: An den Grenzen des Lebens, Mainz 1984

Ders., Tiefenpsychologie und Exegese, Bd. 1, Olten 1984; Bd. 2, Olten 1985

Ders., »An ihren Früchten sollt ihr sie erkennen«, Olten 1988

Ders., Kleriker. Psychogramm eines Ideals, Olten 1989

Eicher, P., Offenbarung. Prinzip neuzeitlicher Theologie, Paderborn 1977

Erdheim, M., Die gesellschaftliche Produktion von Unbewußtheit. Eine Einführung in den ethnopsychoanalytischen Prozeß, Frankfurt/M. 1984

Foucault, M., Dispositive der Macht. Über Sexualität, Wissen und Wahrheit, Berlin 1958

Freud, S., Die Traumdeutung, 1900, GW II/III

Ders., Drei Abhandlungen zur Sexualtheorie, 1905, GW V, 27-145

Ders., Formulierungen über zwei Prinzipien des psychischen Geschehens, 1911, GW VIII, 229-238

Ders., Massenpsychologie und Ich-Analyse, 1921, GW XIII, 71-161

Ders., Die Frage der Laienanalyse, 1926, GW XIV, 207-296

Ders., Die Zukunft einer Illusion, 1927, GW XIV

Ders., Das Unbehagen in der Kultur, 1930, GW XIV, 419-506

Frielingsdorf, K., Vom Überleben zum Leben. Wege der Identitäts- und Glaubensfindung, Mainz 1989

Fromm, E., Die Furcht vor der Freiheit, Frankfurt/M. 1966

Fürst, W., Praktisch-theologische Urteilskraft, Zürich-Einsiedeln-Köln 1986

Fürst, W./Baumgartner I., Leben retten. Was Seelsorge zukunftsfähig macht, München 1990

Funke, D., Im Glauben erwachsen werden. Psychische Vorraussetzungen der religiösen Reifung, München [2]1990

Ders., Religion als Geborgenheit? in: Theologie der Gegenwart 32 (1989) 95-103

Ders., Vom ›Ding‹ zum Symbol, in: Wege zum Menschen 38 (1986) 29-44

Ders., »Intimes Leid«. Gefahren und Chancen für christliches Hilfehandeln, in: I. Cremer/D. Funke (Hg.), Diakonisches Handeln. Herausforderungen – Konfliktfelder – Optionen, Freiburg/Br. 1988, 47-55

Gagern, F. E. von, Der andere Gott. Christsein ohne Angst, München 1990

Giegerich, W., Die Atombombe als seelische Wirklichkeit. Versuch über den Geist des christlichen Abendlandes, Basel 1988

Grom, B., Die Archetypenlehre – eine Sackgasse. Zur Sakralisierung des Unbewußten, in: Stimmen der Zeit 113 (1988) 604-612

Ders., Religionspsychologie, München-Göttingen 1992

Gruen, A., Der Verrat am Selbst. Die Angst vor der Autonomie bei Mann und Frau, München 1984

Habermas, J., Erkenntnis und Interesse, Frankfurt/M. 1968

Hahn, J., Das »goldene Kalb«. Die Jahwe-Verehrung bei Stierbildern in der Geschichte Israels, Frankfurt/M. 1981

Hoppe, K. D., Gewissen, Gott und Leidenschaft. Theorie und Praxis psychoanalytisch orientierter Psychotherapie von katholischen Klerikern, Stuttgart 1985

Ders., Kleriker, Kirche und Psychoanalyse – Ideal eines Psychogramms? in: Wege zum Menschen 43 (1991) 306-317

Huizinga, J., Homo ludens. Der Ursprung der Kultur im Spiel, (1956) Hamburg 1981

Jankuhn, H., Der Ursprung der Hochkulturen, in: Propyläen Weltgeschichte, Hg. von G. Mann und A. Heuß, Band 2, Berlin 1960, 573-600

Jaspers, K., Wesen und Kritik der Psychotherapie, München 1955

Kelly, G. A., Die Psychologie der persönlichen Konstrukte, Paderborn 1986

Kernberg, O., Objektbeziehung und Praxis der Psychoanalyse, Stuttgart 1981

Ders., Schwere Persönlichkeitsstörungen. Theorie, Diagnose, Behandlungstrategien, Stuttgart 1988

Kochanek, H. (Hg.), Die verdrängte Freiheit. Fundamentalismus in den Kirchen, Freiburg/Br. 1991

Kohut, H., Narzißmus. Eine Theorie der Behandlung narzißtischer Persönlichkeitsstörungen, Frankfurt/M. 1973

Ders., Die Heilung des Selbst, Frankfurt/M. 1979

König, K., Kleine psychoanalytische Charakterkunde, Göttingen 1992

Kutter, P. (Hg.), Psychologie der zwischenmenschlichen Beziehungen, Darmstadt 1982

Ders., Moderne Psychoanalyse. Eine Einführung in die Psychologie unbewußter Prozesse, München-Wien 1989

Langer, K. S., Philosophie auf neuen Wegen, Frankfurt/M. 1965

Läpple, V./Scharfenberg, J. (Hg.), Psychotherapie und Seelsorge, Darmstadt 1977

Leithäuser, T. u. a., Entwurf zu einer Empirie des Alltagsbewußtseins, Frankfurt/M. 1977

Lohfink, G./Pesch, R., Tiefenpsychologie und keine Exegese, Stuttgart 1987

Lohmann, H.-M. (Hg.), Psychoanalyse auf der Couch, Frankfurt/M.- Paris 1984

Lorenzer, A., Sprachspiel und Interaktionsform, Frankfurt/M. 1977

⟶ Ders., Das Konzil der Buchhalter. Die Zerstörung der Sinnlichkeit. Eine Religionskritik, Frankfurt/M. 1981

Ders. (Hg.), Kultur-Analysen, Frankfurt/M. 1986

Ders., Freud, Die Natürlichkeit des Menschen – Sozialität der Natur, in: Psyche 42 (1988) 426-438

Mahler, M. u.a., Die psychische Geburt des Menschen. Symbiose und Individuation, Frankfurt/M. 1975

Mentzos, S., Neurotische Konfliktverarbeitung. Einführung in die psychoanalytische Neurosenlehre unter Berücksichtigung neuerer Perspektiven, Frankfurt/M. 1982

Mette, N., Theorie der Praxis. Wissenschaftsgeschichtliche und methodologische Studien zur Theorie-Praxis-Problematik in der praktischen Theologie, Düsseldorf 1978

Mette, N./Steinkamp, H., Sozialwissenschaften und Praktische Theologie, Düsseldorf 1983

Metz, J. B., Glaube in Geschichte und Gesellschaft, Mainz 1977

Ders., Zeit der Orden? Zur Mystik und Politik der Nachfolge, Freiburg/Br. 1977

✳ Müller-Pozzi, H., Gott – Erbe des verlorenen Paradieses. Entstehung und Wesen der Gottesidee im Lichte psychoanalytischer Konzepte, in: Wege zum Menschen 33 (1981) 191-203

Ders., Psychoanalytisches Denken, Bern-Stuttgart-Toronto 1991

Neuhaus, D., Der Schatten der Bilder. Versuch eines Protestanten, den Bildern ins Wort zu fallen, in: Welchein Mensch? Entwürfe 4, München 1987, 79-114

Neumann, E., Amor und Psyche. Eine tiefenpsychologische Deutung, Olten 1971

Pannenberg, W., Anthropologie in theologischer Perspektive, Göttingen 1983

Parin, P., Der Widerspruch im Subjekt. Ethnopsychoanalytische Studien, Frankfurt/M. 1983

✳ Pfister, O., Analytische Seelsorge, Göttingen 1927

Rohde-Dachser, Chr., Das Boderline-Syndrom, Bern- Stuttgart-Wien ³1983

Dies. (Hg.), Zerstörter Spiegel. Psychoanalytische Zeitdiagnosen, Göttingen 1990

Scharfenberg, J., Narzißmus, Identität und Religion, in: Psyche 27 (1973) 949-966

Scharfenberg, J. / Kämpfer, H., Mit Symbolen leben. Soziologische, psychologische und religiöse Konfliktverarbeitung, Olten 1980

Schellenbaum, P., Stichwort Gottesbild, Stuttgart 1981

Schütz, A., Das Problem der Relevanz, Frankfurt/M. 1971

Schulz, H.-J./Speigl, J. (Hg.), Bild und Symbol. Glaubenstiftende Impulse, Würzburg 1988

Schupp, F., Glaube – Kultur – Symbol. Versuch einer kritischen Theorie sakramentaler Praxis, Düsseldorf 1974

Sölle, D., Lieben und Arbeiten, Stuttgart 1985

Spitz, R., Nein und Ja. Die Ursprünge der menschlichen Kommunikation, Stuttgart 1960

Steinkamp, H., Diakonie – Kennzeichen der Gemeinde. Entwurf einer praktisch-theologischen Theorie, Freiburg/Br. 1985

Ders., Sozialpastoral, Freiburg/Br. 1991

Stenger, H. (Hg.), Eignung für die Berufe der Kirche. Klärung, Beratung, Begleitung, Freiburg/Br.-Basel-Wien 1988

Volp, R., Ars amandi und ars moriendi. Eros und Tod als kulturelles Erbe und religiöse Aufgabe, in: Kunst und Kirche 50 (1987) 92-97

Vorgrimler, H. (Hg.), Wagnis Theologie, Freiburg/Br. 1979

Wacker, M. Th./Zenger, E. (Hg.), Der eine Gott und die Göttin. Gottesvorstellungen des biblischen Israel im Horizont feministischer Theologie, Freiburg/Br.-Basel-Wien 1991

Wahl, H., Pastoralpsychologie – eine Grunddimension Praktischer Theologie. Ein Dialogvorschlag zum Streit um Eugen Drewermanns »tiefenpsychologischer« Remythisierung christlicher Lehre und Praxis, in: Münchener Theologische Zeitschrift 39 (1988) 23-46

Ders., Pastoralpsychologie – Teilgebiet und Grunddimension Praktischer Theologie, in: I. Baumgartner (Hg.), Handbuch der Pastoralpsychologie, Regensburg 1990, 41-61

Wilhelms, G., Sinnlichkeit und Rationalität. Der Beitrag Alfred Lorenzers zu einer Theorie religiöser Sozialisation, Stuttgart-Berlin-Köln 1991

✝ Winnicott, D. W., Vom Spiel zur Kreativität, Stuttgart 1979

Zadra, D./Schilson, A., Symbol und Sakrament, in: Christlicher Glaube in moderner Gesellschaft, Bd. 28, Freiburg/Br.-Basel-Wien 1982, 85-150

Wulf, Chr. (Hg.), Lust und Liebe, München 1985

Zepf, S., Narzißmus, Trieb und Produktion von Subjektivität, Berlin 1985

Zulehner, P. M. (Hg.), Pluralismus in Gesellschaft und Kirche, München 1988